Dès l'arrivée

Français	*Phonétique*	*Hindi*
Bonjour ! (*ou* Bonsoir !)	- namaste ! - namaskâr !	नमस्ते ! नमस्कार !
S'il vous plaît (*ou* S'il te plaît)	- kripyâ - meharbânî karke	कृपया मेहरबानी करके
Pouvez-vous m'aider s'il vous plaît ?	kyâ âp merî madad kar sakte hè˜ ?	क्या आप मेरी मदद कर सकते हैं ?
Où puis-je prendre un taxi ?	mujhe Tèksî kahâ˜ milegî ?	मुझे टैक्सी कहाँ मिलेगी?
Je voudrais aller au centre ville.	mujhe shahar me˜ jânâ hè.	मुझे शहर में जाना है
Je voudrais aller à cet hôtel.	mujhe is hoTal me˜ jânâ hè.	मुझे इस होटल में जाना है
Merci.	- dhannyawâd - shukriyâ	धन्यवाद शुक्रिया

Hindi Express
Pour voyager en Inde du Nord

Nous voudrions remercier tout d'abord nos amis hindiphones, (Indiens comme non Indiens) pour leurs remarques et leurs critiques.
Nous remercions plus particulièrement M. Yashonidi Pandey pour sa relecture.
Nous remercions ensuite toute l'équipe des Editions du Dauphin.
Nous remercions aussi le Bureau du Tourisme de l'Inde à Paris et à Delhi pour leurs précieuses informations.
Enfin, nous n'oublions pas tous nos amis et proches qui nous ont inspirés et accompagnés pendant ce travail.

Collection Langue Express

Conçue et dirigée par Laurent Berck

Dans cette même collection :

Arabe Express
Chinois Express
Croate Express
Espagnol Express
Japonais Express
Persan Express
Polonais Express
Portugais Express
Russe Express
Tagalog Express
Thaïlandais Express
Tchèque Express
Turc Express
Vietnamien Express

ISBN : 2-7163-1228-1

Aparna Kshirsagar
Jean Pacquement

Hindi Express

Guide de conversation
Les premiers mots utiles
Renseignements pratiques
Culture, langue
Vie quotidienne

Éditions du Dauphin
43-45, rue de la Tombe-Issoire
75014 PARIS

CARTE DE L'INDE

Table des matières

INDEX

Histoire de l'Inde

L'histoire de l'Inde commence véritablement avec l'empire Maurya à partir du IVe siècle avant J.-C., époque pour laquelle nous possédons des témoignages irréfutables permettant de dater un certain nombre d'événements, parfois à titre rétrospectif comme dans le cas des principaux événements de la vie du Bouddha (datation conventionnelle : 563-483 avant J.-C.).

1- Avant l'Histoire

Si les textes sanscrits font état, pour la période qui précède, d'une vaste forêt impénétrable (le Deccan vraisemblablement) que des populations « aryennes » de religion védique installées à proximité de l'Himalaya auraient investie et civilisée progressivement, l'archéologie permet, en revanche, de se faire une image plus précise de l'Inde d'avant l'Histoire.

On rencontre les premières traces d'une présence humaine pendant le paléolithique dans les vallées des principaux fleuves du Deccan ; la localisation des outils du paléolithique moyen (datant d'il y a environ 30 000 ou 40 000 ans) indiquent une population humaine déjà disséminée dans une grande partie de l'Inde.
Sans entrer dans le détail des différentes étapes de la préhistoire classique, les lecteurs informés connaissent la civilisation urbaine et commerçante de l'âge du bronze qui s'est développée dans la vallée de l'Indus (soit dans une région faisant à présent partie du Pakistan) il y a environ 5 000 ans, à *Harappa* et *Mohan Jo Daro*. Mais ces sites fameux ne doivent pas occulter les sites chalcolithiques du Malwa (dans l'actuel Madhya Pradesh) et du Deccan (central et méridional), qui doivent être considérés moins comme des exemples de la civilisation d'Harappa en dehors de la région de l'Indus que comme relevant d'un urbanisme et d'une culture spécifiques. Les archéologues font ainsi état d'une civilisation du Malwa (avec des maisons rectangulaires), d'une « culture » de Prakasha (avec un habitat Malwa, mais avec une poterie spécifique) et d'une « culture » de Jorwe-Nevasa (où les maisons deviennent circulaires).

Les premières civilisations urbaines de l'Inde, au premier rang desquelles celles de l'Indus, ont connu un déclin marqué à partir du milieu du deuxième millénaire avant J.-C. Pendant les siècles qui suivent, l'Inde a connu une profonde détérioration de l'environnement, probablement liée à des conflits ou des invasions ou encore à des changements climatiques brutaux. Les civilisations chalcolithiques de l'Inde ayant disparu à cause de famines, de nombreuses régions du sous-continent ont dû ensuite rester inhabitées pendant plusieurs siècles…

C'est très vraisemblablement, mais la prudence doit être de mise en l'absence de preuves, dans le courant du second millénaire avant J.-C., et tout particulièrement durant cette éclipse de l'urbanisme de l'âge du bronze, que des populations parlant des langues indo-aryennes (apparentées aux autres langues indo-européennes anciennes) ont commencé à dominer la vallée du Gange.

Pour rendre compte de la civilisation indienne qui se dessine au début de l'époque historique et des tensions qui la traversent, on postule un syncrétisme entre d'une part des éléments pré-aryens, mais préfigurant parfois l'hindouisme et ses divinités comme dans la vallée de l'Indus (les commerçantes Harappa et Mohan Jo Daro ayant pu être gouvernées par l'équivalent d'une caste de prêtres), et d'autre part les caractéristiques culturelles des Aryens qui introduisent leurs dieux et une civilisation pastorale, la protection du bétail (et dans une certaine mesure l'art du combat) l'emportant peut-être sur toute autre considération.
Ce qui est sûr, c'est qu'immédiatement avant l'époque historique, vers le début du VIe siècle avant J.-C., une stratification de la société en castes prévaut, avec au sommet de la hiérarchie la caste brahmane ou caste des prêtres, dont la domination socio-culturelle est confortée par la religion prévalente, le brahmanisme, et par une langue savante et élaborée, le sanscrit.

2- L'époque historique : des Maurya au Gupta

C'est précisément en réaction contre le brahmanisme, la langue sanscrite qui le symbolise et le système social des castes qu'il fonde, que s'inscrivent les réformes religieuses du jaïnisme (du nom de Jina Mahavir, 599-527 av. J.-C.) et surtout du bouddhisme,

qui ont en commun d'avoir généré d'importantes communautés monastiques.
L'importance du bouddhisme dans l'histoire de l'Inde provient du fait qu'un des souverains de la dynastie Maurya (321-184 avant J.-C.), Ashoka ou Asoka (272-236 av. J.-C.), embrasse le bouddhisme et le propage dans un vaste empire qui comprend toute l'Inde du nord ainsi que des provinces plus éloignées dans le sud, à partir de la capitale Pataliputra (l'actuelle Patna dans l'État du Bihar), utilisant pour ce faire des langues indo-aryennes régionales présentant un stade d'évolution plus avancé que le sanscrit et d'un accès plus aisé pour les masses.

Après la désagrégation de la dynastie Maurya, les historiens s'accordent pour séparer l'histoire du nord et du sud de l'Inde.

Au sud des monts Vindhya, le Deccan connaît une période de relative stabilité et de prospérité, que ce soit dans le Deccan central avec la dynastie des Satavahana (184 av. J.-C. - milieu du IIIe siècle après J.-C.) ou plus au sud avec les Pallava de Kanchi (300-888) et surtout les Chola qui règnent jusqu'en 1250 et dont l'apogée se situe au tournant du second millénaire avec les souverains Rajaraja, Chola Ier (985-1014) et Rajendra Chola Ier (1014-1042). Les dynasties du sud, à la différence des Maurya, privilégient l'hindouisme, successeur du brahmanisme, mais le bouddhisme et le jaïnisme gardent leur place sous les Satavahana, cependant que les dynasties qui règnent dans l'actuel Karnataka (Ganga, Kadamba, Chalukya et Hoysala) encouragent le jaïnisme qui touche surtout les communautés marchandes aisées. Le commerce maritime est florissant à toutes les époques, et en particulier la cote orientale (États actuels de l'Orissa, de l'Andhra Pradesh et du Tamil Nadu) a des liens étroits avec l'Asie du sud-est, qui, recevant d'abord l'influence du bouddhisme, puis celle de l'hindouisme, s'indianise de manière durable.

Le nord des Vindhya ne trouve guère la stabilité avec les royaumes indo-grecs et indo-shaka (le terme shaka référant aux Huns) aux IIe et Ier siècles avant J.-C., puis sous les Kushana (Ier siècle-IIIe s). Cette période instable se caractérise par le recul du bouddhisme, qui a presque disparu de l'Inde à la fin de l'époque des Gupta

(320-647). Ces derniers, tout comme leurs alliés (ou vassaux) Vakataka du Deccan (IIIe siècle - Ve siècle), promeuvent un hindouisme vishnouite, avec pour langue officielle, le sanscrit. Avec les Gupta, dynastie qui se caractérise par son pouvoir politique et son administration, l'Inde du nord se retrouve pour la première fois depuis les Maurya réunifiée et connaît un âge d'or culturel et littéraire.

Il n'est pas nécessaire d'entrer plus avant dans le détail des dynasties majeures ou mineures, qui se succèdent dans l'Inde du premier millénaire, posant des problèmes complexes de périodisation et de géographie historique. En effet, à l'exception des époques Maurya et Gupta, il est en fait presque impossible de faire état d'une histoire commune pour les différentes parties de l'Inde du Nord.

3- La présence musulmane et le sultanat de Delhi

Dès la fin du VIIIe siècle, les musulmans font leur apparition en Inde. Les invasions et prises de pouvoir par des musulmans (turcs et afghans), avec l'établissement du sultanat de Delhi, sont plus tardives et datent des XIe et XIIe siècles.

Le premier grand envahisseur est Mohammed de Ghazni (Ghazni est un royaume musulman d'Afghanistan fondé en 962). Mohammed de Ghazni, qui passe pour avoir mené jusqu'à 17 incursions contre les rajahs de l'Inde du nord et du nord-ouest entre 1 001 et 1 026, a surtout établi une présence musulmane durable au Panjab. Plus décisive est l'entreprise de Mohammed de Ghaur (1160-1206), qui, malgré la résistance héroïque de Prithvi Raj Chauhan en 1191-1192, conquiert l'Inde du nord, de Delhi jusqu'au Bengale, en moins de 15 ans. Mohammed de Ghaur (assassiné en 1206) n'ayant pas d'héritiers, ce sont ses esclaves turcs, qu'il considérait comme ses fils, qui lui succèdent à Delhi, et la dynastie dite des esclaves règne jusqu'à la fin du XIIIe siècle. À la gloire de Mohammed de Ghaur et de l'Islam, le nouveau sultan Qutbuddin Aibak (1206-1210) avait commencé dès 1199 l'édification à Delhi du Qutub Minar, colonne de 73 mètres de hauteur, qui est à la fois un monument de victoire et un minaret pour l'appel à la prière.

En 1290, Jalaluddin Firuz Khalji prend le pouvoir, et c'est précisément sous la dynastie des Khalji (1290-1316) que le sultanat de Delhi commence à avoir des visées expansionnistes sur le reste de l'Inde et notamment sur le sud des Vindhya, dans le Deccan, où prospéraient des royaumes hindous. Envoyé pour attaquer le royaume Yadava des Marathes en 1294, le neveu de Jalaluddin Firuz Khalji, Alaluddin, qui le dépose en 1296, se concentre ensuite sur le Gujarat et les principautés des Rajpoutes au Mewar (dans le Rajasthan actuel). Entre 1307 et 1311, le général Malik Kafur envahit à nouveau le territoire des Yadava et poursuit ensuite sa marche vers le sud. Il attaque et assujettit les Kakatiya (dans l'actuel Andhra Pradesh) et les Hoysala (dans l'actuel Karnataka), et va jusqu'à l'extrême sud de la péninsule, parachevant de la sorte une éphémère conquête de l'Inde toute entière.
Mais les sultans de Delhi, les Khalji cédant la place en 1320 à la dynastie Tughlaq (1320-1414), perdent vite le contrôle de la situation au sud des Vindhya. En 1347, un chef de guerre du Deccan, Hasan Gangu, prend le pouvoir sous le nom de Ala-uddin Bahaman Shah et instaure la dynastie Bahamani, qui domine le Deccan central pendant près d'un siècle et demi, cependant que, dans l'Inde du sud, une puissance hindoue se reconstitue, avec le royaume de Vijayanagar (1336-1565).

Le sultanat de Delhi dure jusqu'en 1526, connaissant de réguliers changements de dynastie : ainsi les Sayyid (1414-1451) succèdent aux Tughlaq, avant d'être remplacés par les Lodi (1451-1526). Si la chronologie du sultanat de Delhi est pertinente pour comprendre les principaux événements politiques et militaires de l'Inde du nord, en revanche elle tend à occulter le vécu de l'essentiel de la population, dont on essaiera de rendre compte par les deux points suivants.
D'une part, les pouvoirs musulmans sont avant tout des pouvoirs conquérants. Certains font preuve de prosélytisme religieux, mais, même s'il y a eu à certaines périodes des conversions forcées à l'islam, la population est restée majoritairement hindoue, et la plupart des temples hindous continuent de disposer des revenus de leur terres et de donations. La conséquence principale de la présence musulmane a été, en fait, d'ordre administratif. La préoccupation première des sultanats étant la levée de l'impôt, les

pouvoirs musulmans ont surtout pensé, continuateurs d'une certaine façon de l'oeuvre administrative des Gupta, à cadastrer le territoire pour l'administrer, ce qui explique que le vocabulaire des divisions territoriales et de l'administration dans les langues indiennes ait autant été influencé par l'arabe et le persan.

D'autre part, l'Inde du Moyen-Âge voit se développer des mouvements de dévotion populaire (*bhakti*), souvent décrits comme une réaction culturelle et populaire aux dominations musulmanes. Mais il est tout aussi exact de dire qu'ils s'inscrivent contre le ritualisme et le purisme brahmanique des pratiques religieuses hindoues de l'époque précédente. Il faut noter que certains de ces mouvements se situent à la frontière de l'hindouisme et de l'islam : donc non seulement il a pu y avoir des courants similaires chez les musulmans, mais aussi certains de ces courants témoignent de tendances syncrétiques, ouvrant parfois la voie à de nouvelles formes de foi religieuse et de rituels.

C'est ainsi qu'à coté d'une dévotion hindoue, essentiellement centrée sur Krishna et Rama, avatars de Vishnu, à laquelle on peut associer les noms de Vallabhacharya (1479-1531), de Surdas (1483-1563), de Mirabai (1498-1563), de Haridas (1478-1573) ou de Tulsidas (1532-1623), et d'une dévotion musulmane liée à des saints musulmans (les saints musulmans locaux sont appelés *pir*), dévotions qui sont parfois très voisines l'une de l'autre (comme encore maintenant au Gujarat ou au Sindh), on voit se développer une nouvelle religion, le sikhisme, qui se réclame de Kabir (1440-1510) et surtout de Guru Nanak Dev (1469-1538), véritable fondateur du sikhisme.

4- Les Moghols en Inde

Les incursions des Moghols en Inde avaient déjà jalonné l'histoire du sultanat de Delhi. Les noms bien connus de Gengis Khan et de Tamerlan (ou Timur le boiteux) sont ainsi associés aux invasions de 1221 et 1398. Ces attaques avaient été essentiellement des pillages, avec la saisie d'importants butins. Les sultans de Delhi à chaque fois résistèrent, voire ripostèrent victorieusement, notamment sous Alaluddin Khalji en 1299.

Avec la dynastie Lodi, la situation est complètement différente. Le pouvoir est faible et il y a de fortes dissensions internes. Descendant du côté de son père de Tamerlan et du côté de sa mère de Gengis Khan, le jeune Babur (ou Babar), stratège de génie et auteur de sa propre autobiographie (*le Baburnama*), qui hérite à 11 ans du royaume de Farghana en Asie centrale, rêve en fait de s'emparer de Samarkhand, capitale de Tamerlan, mais finalement il doit se contenter de Kabul (1504) et de Kandahar. En 1525, il occupe le Punjab, puis, le 21 avril 1526, il défait à Panipat, avec 12 000 hommes, les 100 000 soldats d'Ibrahim Lodi, devenant de fait le souverain de Delhi et d'Agra (que Sikandar Lodi avait promue au rang de seconde capitale en 1504).

Le pouvoir qui s'installe dans l'Inde du nord est aussi d'obédience musulmane et va être consolidé par Humayun (1530-1556) et surtout Akbar (1556-1605), qui, fort de l'annexion du Gujarat, initie la politique expansionniste des empereurs moghols dans le Deccan. Précisément, le Deccan est très divisé, avec l'éclatement du sultanat bahamani en plusieurs entités indépendantes (les deux principales d'entre elles, Bijapur et Ahmednagar, étant en conflit permanent), mais il faut encore deux règnes, celui de Jahangir (1605-1627) et celui de Shah Jahan (1627-1658), pour que les sultanats du Deccan finissent par être soumis : Bijapur et Ahmadnagar ne se rendent en effet qu'en 1636.

C'est en 1636 précisément qu'Aurangzeb, fils de Shah Jahan et futur empereur (1658-1707) se voit assigner l'administration de la province du Deccan où il réside jusqu'en 1644. Une fois devenu empereur (1658), il continue à faire du Deccan l'une de ses priorités, finissant même par s'installer dans les environs de l'actuelle Aurangabad (État du Maharashtra) et restant dans la région jusqu'à sa mort, très loin de Delhi et d'Agra, dont les précédents empereurs moghols avaient fait leur capitale. Il faut notamment se rappeler qu'Akbar a fait construire le fort rouge d'Agra, cependant que Shah Jahan, pour sa part, y a édifié le Taj Mahal à la mémoire de son épouse Mumtaz Mahal, morte en 1631 (Shah Jahan est aussi l'édificateur du fort rouge de Delhi).

La figure d'Aurangzeb est sans doute l'une des plus controversées de l'histoire des souverains moghols. Conquérant hors pair, puisqu'il parvient à contrôler la quasi-totalité de la péninsule, il passe pour avoir conduit une politique sociale et religieuse complètement à l'opposé de celles d'Akbar et de Shah Jahan. Alors qu'Akbar avait aboli en 1564 la *Jizya* ou taxe touchant les non

musulmans (donc les hindous), Aurangzeb la réintroduit en 1679. Cette image d'intolérance et de sectarisme est toutefois contestée par certains historiens, qui veulent opposer paradoxalement un bon Aurangzeb à un mauvais Akbar, et s'explique surtout par le fait qu'après la reddition des sultanats du Deccan, Aurangzeb a pour principale opposition le royaume marathe, qui s'est constitué progressivement sur les décombres du sultanat d'Ahmadnagar et se proclame hindou et défenseur de l'hindouisme. Si Shivaji, symbole du nationalisme marathe et de la résistance aux Moghols, reste invaincu jusqu'à sa mort (1680), en revanche son fils et successeur, Sambhaji, est capturé par les forces d'Aurangzeb, puis exécuté en 1689, restant dans la mémoire collective marathe comme le martyre hindou du tyran musulman Aurangzeb.
Alors que l'empire moghol, après la mort d'Aurangzeb en 1707, s'affaiblit, allant même jusqu'à ne plus être qu'une entité nominale qui subsiste jusqu'à son abolition par les Britanniques en 1858, le XVIIIe siècle se caractérise d'une part par le retour sur le devant de la scène de princes et de chefs de guerre hindous et d'autre part par l'intervention de plus en plus marquée des puissances européennes.

5- L'hégémonie marathe

L'effondrement de l'empire moghol laisse dans un premier temps le champ libre à l'hégémonie marathe. Alors que les rois de Satara et de Kolhapur (dans l'actuel Maharashtra), tous descendants de Shivaji, se disputent âprement le trône, le Peshwa, Premier Ministre brahmane du roi de Satara, devient vite le véritable administrateur du royaume et le principal stratège de la conquête, par des chefs de guerre marathes, d'une grande partie de l'Inde. Le premier Peshwa, Balaji Vishwanath Bhat, qui meurt en 1720, est remplacé par Bajirao, son propre fils, puis, la charge de Peshwa devenant héréditaire, c'est Balaji Bajirao, lui-même fils de Bajirao, qui succède à son père en 1740.
Si l'expansion territoriale marathe a été considérable, il n'est pas pour autant question d'un empire. Les historiens s'accordent plutôt pour parler d'une confédération, dans la mesure où il n'y a jamais eu une organisation politique et administrative concertée des conquêtes et où la constante volonté d'indépendance des chefs marathes a conduit dans le meilleur des cas à une juxtaposition de leurs territoires.

Les Marathes, de plus en plus ambitieux, exerçant leur influence à Delhi, où ils se font déléguer l'essentiel du pouvoir par le souverain moghol, n'en sont pas moins défaits à Panipat le 14 janvier 1761. Le roi d'Afghanistan, Ahmad Shah, en effet, ne voulait pas leur laisser le champ libre au Punjab et était passé à l'attaque en 1759. La contre-attaque des Marathes est mal préparée, et des défauts de logistique conduisent à une lourde défaite, dans laquelle périssent 30 000 Marathes ainsi que nombre de leurs chefs.

Malgré l'ampleur de la défaite, on est loin d'un anéantissement définitif des Marathes, ces derniers gardant au contraire une position hégémonique jusqu'aux dernières années du XVIIIe siècle. Le déclin marathe, à partir de la fin du siècle, s'explique plutôt par des conflits et des rivalités fratricides entre les chefs marathes et par l'habileté des Britanniques.

6- Les stratégies des puissances européennes

La présence des Européens n'est pas nouvelle en Inde, et il y aurait beaucoup à écrire sur les voyages de Marco Polo (1288) et de Vasco de Gama (1498) en Inde ou sur la présence portugaise à Goa et sur la côte ouest de l'Inde. Le port de Surat (actuellement dans le Gujarat) est emblématique de l'intérêt des puissances occidentales pour ce que l'on appelait à l'époque les « Indes orientales ». Possession portugaise au début du XVIIe siècle, Surat devient le théâtre des rivalités des Britanniques et des Portugais, cependant que les Français et les Hollandais viennent aussi y faire du commerce, respectivement en 1620 et 1624.

L'*East India Company* des Britanniques, fondée en 1600, s'installe d'abord à Surat, avant d'ouvrir, quelques décennies plus tard, des comptoirs permanents à Bombay, Calcutta et Madras. C'est ici le lieu d'évoquer l'histoire de Bombay, car, à l'origine, elle n'est guère plus qu'un ensemble d'îles qu'une princesse portugaise apporte en dot au roi Charles II d'Angleterre en 1661. A partir de ce moment-là, les Britanniques entreprirent, au prix d'énormes travaux, de rattacher les îles entre elles (ainsi qu'au continent) et de construire un port, qui supplanta sans difficulté celui de Surat, après que la ville de Surat eut été frappée par la peste entre 1684 et 1690.

La France, de son côté, établit la *Compagnie française des Indes* en 1664, avec pour objectif principal de concurrencer les Hollandais sur le plan du commerce international, et fonde le comptoir de Pondichéry en 1677, qui devient la capitale des « Indes françaises ».
Le démembrement de l'empire moghol au début du XVIIIe siècle encourage les puissances occidentales à ne plus se contenter de la gestion de leurs comptoirs commerciaux. Le gouverneur des établissements français des Indes, Joseph François Dupleix (1742-1754), est sans doute le premier à envisager de fonder un empire colonial, mais, en dépit de quelques succès sur le terrain, le contexte diplomatique européen de l'époque, avec une rivalité franco-anglaise ouverte, l'empêche de mener à bien son projet. Il est rappelé en France en 1754, et le traité de Paris (1763), qui consacre la fin de la guerre de Sept Ans (entre d'une part les Français et les Autrichiens et d'autre part les Anglais et les Prussiens), réduit la présence française en Inde à cinq comptoirs : Pondichéry, Karikal, Chandernagor, Yanaon et Mahé, dont l'importance a été somme toute très marginale et que la France finit par transférer à l'Inde indépendante en 1954.

Les objectifs de Dupleix sont repris avec plus de succès par l'Anglais Robert Clive, qui défait à Plassey le Nabab du Bengale en 1757, date qui marque le véritable début des ambitions impériales britanniques. Mais, en dépit de cette victoire, les Britanniques ne se lancent pas dans une conquête territoriale de l'Inde. Leur stratégie est plutôt d'assurer la suprématie de l'*East India Company*. Ils établissent pour ce faire des « alliances subsidiaires » avec les royaumes de la péninsule, en s'assurant la collaboration des princes et des monarques.

7- L'empire britannique

La première étape vers l'empire des Indes est sans nul doute l'installation d'un centre de décision de l'*East India Company* à Calcutta en 1783 sous le commandement d'un gouverneur général, Warren Hastings. C'est précisément à Calcutta que les Britanniques établissent en 1800 le *Fort William College* pour la formation des administrateurs coloniaux sous la direction de John Gilchrist, où l'on enseigne le droit indien et les principales langues indiennes.

Calcutta s'impose aussi comme le premier centre des études indologiques, avec la fondation en 1784 de l'*Asiatic Society of Bengal* par William Jones.
Une autre étape importante a lieu en 1818. Le dernier Peshwa, Bajirao II, qui avait pourtant signé à deux reprises des traités avec l'*East India Company*, attaque les Anglais, mais il est défait à Khadki, près de Poona. Le contrôle des Britanniques sur une grande partie de l'ouest de l'Inde devient direct, avec la création de la Présidence de Bombay, qui regroupe les États actuels du Gujarat, du Maharahstra et la partie nord du Karnataka.

Les Britanniques étendent peu à peu leur contrôle territorial jusqu'à dominer dans les années 1850 la majeure partie du sous-continent indien (soit l'Inde, le Pakistan et le Bangla Desh actuels), à quoi ils ajoutent vers la fin du siècle la Birmanie (1886).
Sans entrer dans le détail des nombreuses résistances que ne peut manquer d'occasionner une telle conquête, les historiens font de la rébellion de 1857, ou révolte des cipayes (du nom des soldats indiens qui constituaient en 1857 l'essentiel des forces militaires de l'*East India Company*), qui éclate à Meerut le 10 mai 1857 et se propage rapidement à Bénarès, puis Allahabad, Kanpur et Lucknow et enfin Delhi, le véritable tournant de l'histoire de la présence britannique en Inde.
D'une part, pour la première fois, ce sont les Britanniques, qui sont clairement désignés comme l'ennemi dans un mouvement de rébellion de grande ampleur, alors que jusqu'alors les résistances s'exerçaient plutôt contre les souverains alliés des Anglais et leurs armées. On peut donc parler de l'émergence d'un nationalisme indien, même si la révolte est matée (les derniers rebelles de l'Oudh sont définitivement vaincus en avril 1859) avec un succès et une brutalité qui étouffent pour un certain temps toute velléité d'indépendance.
D'autre part, une conséquence importante de la révolte des cipayes est l'abolition de l'*East India Company*, dont les méthodes et le fonctionnement étaient jugés en grande partie responsables du soulèvement. Les droits de la Compagnie sont transférés à la Couronne, ce qui signifie que l'empire des Indes dépend désormais directement du gouvernement et du parlement britanniques.

Plus généralement, les Britanniques ont tenté de tirer la leçon de la révolte, adoptant une politique plus souple à l'égard de l'aristocratie locale et des élites. Précisément, un certain nombre de penseurs indiens, que l'on qualifie de « réformateurs sociaux », entrés en contact avec les idées de l'occident, avaient commencé, dans un premier temps au Bengale avec Raja Ram Mohan Roy (1774-1833) et à la génération suivante dans la région de Bombay et de Poona, à porter un regard critique sur la société et les traditions indiennes, évoquant directement les problèmes posés par le système des castes et la condition des femmes.
Mais cet examen critique de la tradition n'a eu qu'un temps. Les réformateurs sociaux du XIXe siècle comprirent vite qu'ils n'avaient guère les moyens politiques de mettre leurs idées en application et qu'ils devaient se contenter de faire des œuvres sociales. À partir de 1860, et la révolte des Cipayes y a certainement été pour quelque chose, une nouvelle génération défend les valeurs et les traditions indiennes et s'en prend directement à la domination anglaise. Ce courant est bien représenté par B. G. Tilak, alias Lokmanya Tilak (1856-1920), pour qui, à l'éducation prétendument civilisatrice des Britanniques, il faut substituer une éducation politique et civique pour que le peuple prenne conscience de ses droits et s'engage dans une véritable lutte pour l'Indépendance.

8- La marche vers l'Indépendance

La période qui suit, avec la marche vers l'Indépendance, est sans nul doute mieux connue des lecteurs occidentaux, qui ont pu voir le film consacré à Gandhi par Richard Attenborough (1982).
Les Britanniques assouplissent occasionnellement la colonisation et posent les jalons d'une autonomie, créant notamment des conseils provinciaux où peuvent siéger des Indiens. Le Vice-roi des Indes, représentant de la couronne, s'entoure lui-même de quelques conseillers indiens. La puissance coloniale encourage la modernisation et l'industrialisation du pays, développant également un réseau de voies ferrées remarquable pour l'époque. Dans ce contexte, les Britanniques déplacent en 1911 la capitale de l'empire de Calcutta à Delhi, où ils font construire entre 1912 et 1931, à partir des plans des architectes Edward Lutyens et Herbert Baker, une nouvelle ville, *New Delhi*, au sud de l'ancienne ville, pour

servir de centre administratif à l'empire des Indes. Pour autant, il n'est pas question pour les Britanniques d'une indépendance de l'Inde, et ce alors même que la domination britannique est de plus en plus perçue comme une politique d'exploitation et de répression.
D'autre part, les Indiens parviennent à s'organiser politiquement, parfois avec l'aide de Britanniques sympathisants de la cause de l'indépendance indienne. C'est ainsi que le principal fondateur du parti du Congrès, qui se constitue le 28 décembre 1885 à Bombay, est l'Anglais Allen Octavian Hume. Il est intéressant de noter que ce parti est dans ses débuts plutôt modéré, ne reprenant pas à son compte les positions radicales d'un Tilak.

A partir de 1915, et alors que la Première Guerre mondiale fait monter les revendications nationalistes, la figure qui domine le combat pour l'Indépendance est Mohandas Karamchand Gandhi, surnommé le Mahatma Gandhi (1869-1948). Après 20 ans de lutte pour les droits civiques de la minorité indienne en Afrique du sud, il revient en Inde avec ses convictions et sa méthode fondée sur la non-violence et la résistance passive, que l'on peut concevoir comme une mise en pratique des écrits de Léon Tolstoi et de Henry David Thoreau, la référence au christianisme étant également pertinente. Dès 1921, le parti du Congrès donne à Gandhi les pleins pouvoirs avec même le droit de choisir son propre successeur.
Il n'est pas question de revenir ici sur les étapes du mouvement gandhien. Ce qui est sûr, c'est que Gandhi s'impose comme le négociateur incontournable des Britanniques, et il conduit les délégations indiennes à Londres pour les Tables Rondes de 1930 et 1931, qui aboutissent en 1937 à la mise en place d'une autonomie provinciale effective : le parti du Congrès prend alors le contrôle effectif de nombreuses provinces.

La Seconde Guerre mondiale accélère la marche vers l'Indépendance. Alors que les Britanniques refusent de nouvelles concessions aux Indiens en échange de leur contribution dans la guerre, certains comme Subhas Chandra Bose vont jusqu'à apporter leur soutien aux Japonais. Gandhi, lui, s'en tient à son objectif et lance en 1942 le *Quit India Movement*.

Les dernières années avant l'Indépendance montrent bien la difficulté et l'ampleur de la tâche de Gandhi, qui doit à la fois continuer de négocier avec les Britanniques et ne rien leur céder, mais aussi lutter pour tenter de préserver l'unité des Indiens sur la manière de réaliser l'Indépendance. En effet, depuis les années 1930, le parti des musulmans indiens ou *Muslim League* (qui avait été fondé en 1906) est de plus en plus en faveur d'une indépendance séparée pour les musulmans, avec la création d'un État musulman, le Pakistan, indépendant de l'Inde.
En 1944, le gouvernement britannique se déclare prêt à accorder l'Indépendance à l'Inde, à la condition que le parti du Congrès et le parti musulman trouvent un terrain d'entente. Gandhi, malgré de nombreuses oppositions, se résout, devant l'intransigeance des musulmans, à une Partition, et doit user de tout son crédit et de toute son autorité pour la faire accepter par le parti du Congrès.

Le 15 août 1947, à minuit, les Britanniques quittent officiellement les Indes, qui, au même moment, se divisent en deux entités : d'une part l'Inde, gouvernée par Jawaharlal Nehru (1889-1964) et le parti du Congrès, et d'autre part le Pakistan, dirigé par Mohammad Ali Jinnah (1876-1948) et comprenant alors le Pakistan Occidental (au nord-ouest de l'Inde) et le Pakistan Oriental (à l'est de l'Inde, et qui devient le Bangla Desh en 1971). La Partition entraîne des déplacements de populations et fait de nombreuses victimes, beaucoup de musulmans cherchant à gagner le Pakistan (mais certains choisissent quand-même de rester en Inde), et les hindous fuyant les zones contrôlées par les musulmans. Certains hindous ne pardonnèrent pas à Gandhi ses positions pragmatiques, et il est assassiné le 30 janvier 1948 par un extrémiste hindou.

9- L'Inde indépendante

L'Inde indépendante, qui se dote d'une constitution le 26 janvier 1950, a un système politique parlementaire dérivé du modèle britannique, dans lequel les notions de droite et de gauche n'ont pas cours comme en France. Le Premier Ministre de l'Inde et les ministres font partie intégrante du Parlement de l'Union et siègent sur les « bancs » du gouvernement (en anglais, *Treasury Benches*), au premier rang des parlementaires de la majorité, faisant face à la minorité, qui occupent les bancs de l'opposition.

Avant de donner un aperçu rapide de l'histoire des différents gouvernements de l'Union indienne depuis l'Indépendance, il est important de rappeler que la constitution de l'Inde établit des pouvoirs exécutifs et législatifs, non seulement pour l'Union, mais aussi pour chacun des États de l'Union. Les différents États de l'Inde ont ainsi à leur tête un gouverneur, nommé par le président de l'Union pour une durée de cinq ans, et un *Chief Minister*, qui est en charge du gouvernement et détient l'essentiel du pouvoir exécutif. Le pouvoir législatif est représenté dans chaque État par une chambre basse ou assemblée législative, et parfois aussi (dans les plus grands États) par une chambre haute ou conseil législatif.

Jawaharlal Nehru reste Premier Ministre de l'Union jusqu'à sa mort en 1964, et il est remplacé par Lal Bahadur Shastri, qui, lui-même, meurt en 1966. C'est la fille de Jawaharlal Nehru, Indira Gandhi (1917-1984), qui devient alors Premier Ministre, dirigeant le pays d'une poigne de fer jusqu'en 1975, où de fortes oppositions commencent à se manifester.

Indira Gandhi décrète alors l'état d'urgence, qui a pour effet de suspendre les partis politiques, cependant que les principaux leaders de l'opposition se retrouvent en détention. En 1977, après avoir levé l'état d'urgence et rétabli la vie politique, elle perd les élections parlementaires au profit d'une coalition hétéroclite, le Janata Party, qui regroupait en fait beaucoup d'anciens dissidents du parti du Congrès. Le grand rival d'Indira Gandhi, Morarji Desai (1896-1995), prend sa revanche, et devient Premier Ministre jusqu'en 1979. Indira Gandhi parvient alors à casser la coalition au pouvoir et soutient un gouvernement dirigé par Charan Singh, qui ne dure pas. Dès janvier 1980, ce sont les élections, et Indira Gandhi redevient Premier Ministre. Assassinée le 31 octobre 1984 par un extrémiste sikh, elle est remplacée par son fils Rajiv Gandhi (1944-1991), qui reste au pouvoir jusqu'en 1989.

A l'issue des élections de 1989, un ancien ministre de Rajiv Gandhi, V. P. Singh, à la tête d'une coalition de partis, le Janata Dal, devient alors Premier Ministre, avec l'appui tacite du parti nationaliste hindou, le Bharatiya Janata Party (BJP). Alors que le BJP retire son soutien au gouvernement fin 1990, le Congrès en profite pour casser la coalition de V. P. Singh, et soutient Chandra

Shekhar comme Premier Ministre. Des élections s'ensuivent rapidement, mais la campagne électorale est marquée par l'assassinat de Rajiv Gandhi par des extrémistes tamouls.
Bien que le parti du Congrès ne bénéficie que médiocrement de l'émotion provoquée par la mort de son leader aux élections de mai-juin 1991, il reprend le pouvoir, sous la nouvelle direction de P. V. Narasimha Rao (né en 1921), qui engage une politique de libéralisation économique radicalement nouvelle, avec un programme ambitieux de réformes et une ouverture du pays au commerce extérieur et aux investissements étrangers, que le gouvernement de Rajiv Gandhi n'avait en fait que très timidement esquisser.

Bien que le gouvernement de P.V. Narasimha Rao se soit maintenu au pouvoir cinq ans, soit pendant toute la législature, le parti du Congrès est désormais durablement affaibli, ce qui a conduit à une profonde transformation de la vie politique indienne. On a assisté en fait depuis les élections de 1996 à l'émergence de deux fronts ou alliances, qui ont eu dans leur concurrence avec le parti du Congrès des fortunes diverses.
D'un côté, les élections législatives de 1996 ont vu la formation de l'*United Front*, qui n'était pas structuré autour d'un grand parti, mais regroupait treize partis, les uns représentant des intérêts régionaux et les autres n'ayant qu'une assise régionale comme le Janata Dal et les partis communistes. Si l'*United Front* s'opposait d'abord et avant tout au nationalisme hindou représenté par le Bharatiya Janata Party, il a aussi été constitué pour promouvoir une forme de gouvernement moins centralisée et plus fédéraliste, sous la direction d'abord de H. D. Deve Gowda, puis d'Inder Kumar Gujral. Malgré l'opposition du Congrès aux partis de cette coalition au niveau de chacun des États, ce dernier leur a apporté son soutien pour la formation du gouvernement central après les élections de 1996, mais le leur a retiré par deux fois, en avril 1997, puis en novembre 1997, provoquant les élections anticipées de 1998.
De l'autre côté, le Bharatiya Janata Party (BJP), parti nationaliste hindou, dont l'assise se trouve dans le nord et dans l'ouest de l'Inde, a conclu à l'occasion des élections de 1998 de nombreuses alliances électorales (avec des partis régionaux), qui ont permis à

son leader Atal Behari Vajpayee (né en 1924) de devenir Premier Ministre. L'étroitesse de la majorité de cette coalition, appelée *National Democratic Alliance* (NDA), et le nombre particulièrement élevé des partenaires de cette alliance (dix-huit partis) ont finalement entraîné la chute du gouvernement en avril 1999, et, en l'absence de gouvernement de rechange, il a fallu dissoudre le Parlement de l'Union.

Toutefois, cette coalition a été reconduite au pouvoir aux élections de septembre 1999, avec une majorité élargie, et elle a été en mesure de rester unie pendant toute la législature 1999-2004, permettant à Atal Behari Vajpayee de rester Premier Ministre jusqu'à ce jour. La force actuelle de la coalition, qui a remporté les élections régionales de l'année 2003, le charisme personnel d'Atal Behari Vajpayee et l'absence de réelle crédibilité du parti du Congrès, qui présente en outre l'inconvénient d'être dirigé par la veuve italienne (donc étrangère) de Rajiv Gandhi, donnent à penser que la coalition du premier Ministre pourrait garder sa majorité aux prochaines élections prévues pour avril 2004.

Présentation sommaire des États hindiphones

Les États hindiphones, c'est-à-dire où la plupart des habitants peuvent se dire de langue maternelle hindi sont situés au nord et au centre de l'Inde. Il s'agit, par ordre alphabétique, du Bihar, de Chandigarh (territoire de l'Union, capitale à la fois des États de l'Haryana et du Punjab), du Chattisgarh, de Delhi (territoire de l'Union, capitale de l'Union), de l'Haryana, de l'Himachal Pradesh, du Jharkhand, du Madhya Pradesh, du Rajasthan, de l'Uttaranchal et de l'Uttar Pradesh.

À cette liste, on ajoutera le Punjab indien, qui, en tant qu'État jumeau de l'Haryana (avec Chandigarh pour capitale commune), a certes une langue qui lui est propre, le punjabi, mais où le hindi, très proche du punjabi, y est parlé et compris, cependant que le punjabi est très couramment utilisé à Delhi et dans l'Haryana.

On notera que les États du Chattisgarh, du Jharkhand et de l'Uttaranchal sont de nouvelles entités territoriales et administratives, créées en 1999-2000 à partir d'anciens districts appartenant respectivement au Madhya Pradesh, au Bihar et à l'Uttar Pradesh et auxquelles le gouvernement de l'Union a conféré le statut d'État dans les précédentes années pour assurer une administration plus efficace et pour tenir compte des particularismes régionaux, dialectaux ou ethniques des populations locales.

1- Description physique

Les États hindiphones ne constituent pas tant une région homogène qu'un vaste espace géographiquement contrasté, délimité au nord et au nord-est par la chaîne de l'Himalaya, dont les contreforts et les vallées escarpées du versant sud appartiennent pour l'ouest à l'Inde (États de l'Himachal Pradesh et de l'Uttaranchal) et pour l'est au Népal.

Le Gange, qui prend sa source dans l'Himalaya et descend la montagne selon une orientation nord-sud, se dirige ensuite vers l'est, déterminant la vaste vallée du Gange, qui s'étend sur plusieurs centaines de kilomètres. Le Gange, né dans l'État de l'Uttaranchal, traverse ainsi les États de l'Uttar Pradesh et du Bihar, avant de former un delta dans le Bengale.

À l'ouest de la vallée du Gange, le bassin de la Yamuna, dont le cours est plus ou moins parallèle à celui du Gange (affluent du Gange, née comme lui dans l'Himalaya, la Yamuna le rejoint plus au sud à Allahabad), est dans la continuité de la vallée du Gange, la région située entre les deux fleuves, une bande de 100 à 150 kilomètres d'orientation nord-sud en amont de leur confluent, étant appelée *Doab* (littéralement « les deux rivières » en persan) et constituant la partie occidentale de l'Uttar Pradesh. La capitale de l'Union, New Delhi, et la vieille ville de Delhi, qui forment un « territoire de l'Union », se trouvent sur la Yamuna, mais curieusement ce fleuve n'a joué presque aucun rôle dans la structuration de l'espace urbain de cet ensemble.

La zone située à l'ouest de la Yamuna comprend au nord une région très fertile. Arrosée par cinq rivières, formant de ce fait un « Punjab » (littéralement « les cinq rivières » en persan), elle est divisée entre l'Inde (avec les deux États de l'Haryana et du Punjab indien) et le Pakistan (qui a aussi un État du Punjab). Cette région tend en fait à se rattacher, géographiquement et écologiquement, à la vallée de l'Indus, qui fait partie dans son intégralité du Pakistan actuel.

Au sud de la région des « cinq rivières », toujours à l'ouest de la Yamuna, et alors que le cours de la vallée de l'Indus s'éloigne vers l'ouest, il y a une zone de sécheresse assez étendue, qui forme l'État du Rajasthan. La partie occidentale du Rajasthan, à la frontière du Pakistan, qui est désertique, s'appelle le Thar. À l'ouest de ce désert, de l'autre côté de la frontière, on rencontre le Sindh (État méridional du Pakistan), cependant qu'au sud, en Inde, il y a le Kutch, qui est une région de l'État indien du Gujarat.

Au sud à la fois du Rajasthan (à l'ouest) et des vallées de la Yamuna (au centre) et du Gange (à l'est), apparaît progressivement le socle du Deccan, un plateau occupant l'ensemble de l'Inde péninsulaire, dont il détermine la forme triangulaire. À l'ouest et à l'est, le long des côtes, le Deccan forme des reliefs suffisamment élevés (surtout à l'ouest) pour séparer assez nettement les zones côtières humides et fertiles du plateau intérieur, plus aride. Le nord de cette région, qui, à l'ouest, se situe dans la continuité culturelle et linguistique du Rajasthan et du Gujarat et, à l'est, présente des points communs avec les régions forestières du Jharkhand, de l'Orissa et du Chattisgarh, et constitue l'État du Madhya Pradesh. La complexité et le morcellement linguistiques de cette région expliquent pourquoi le hindi, qui y joue un rôle de trait d'union linguistique, y est la langue nationale.

Au sud du Madhya Pradesh, on retrouve encore une variante du hindi, la dakhani (ou langue du sud), dans le plateau du Telangana, qui fait partie de l'actuel Andhra Pradesh. La majorité de la population y parle certes le telugu (langue dravidienne), mais l'importante minorité musulmane parle le hindi (la dakhani perdant ses caractéristiques propres). Cette région et sa ville principale, Hyderabad (capitale de l'État de l'Andhra Pradesh), a été pendant plus de deux siècles, depuis la désintégration de l'empire moghol jusqu'à l'Indépendance, le territoire d'une dynastie musulmane, les Nizam, qui ont gardé à l'époque de l'Empire britannique leur souveraineté, certes nominale dans les faits, sur leurs possessions territoriales.

2- La population de l'Inde et des États hindiphones

Les statistiques concernant l'Union indienne et les États de l'Inde nous sont connues par les recensements effectués, depuis l'époque britannique, la première année de chaque décennie. Le dernier recensement date de 2001, mais les chiffres de 2001 n'étant pas encore tous disponibles, cette présentation fait encore parfois état de données de 1991.

Un problème des données disponibles pour les États hindiphones est qu'en 1991, les États du Chattisgarh, du Jharkhand et de l'Uttaranchal, qui sont d'anciennes régions respectivement du Madhya Pradesh, du Bihar et de l'Uttar Pradesh, n'existaient pas, puisqu'ils ont été créés en 1999-2000. Or, bien que l'on ait les chiffres des nouveaux États (résultat provisoire du recensement de 2001), la plupart des présentations concernant les trois États du Bihar, du Madhya Pradesh et de l'Uttar Pradesh continuent le plus souvent de faire état des statistiques de 1991, sans prendre en compte clairement les nouvelles entités, en sorte que les informations que l'on trouve ici et là (notamment sur Internet) pour les États du nord de l'Inde doivent faire l'objet d'une grande vigilance.

3- L'Inde

Superficie : 3.287.263 km2
Population : 1 027 015 247 habitants (846 millions en 1991, le cap du milliard d'habitants ayant vraisemblablement été franchie en 1999).
La population de l'Inde était répartie en 1991 à 26 % dans les villes et 74 % dans les campagnes, avec une densité avoisinant ou dépassant 700 hab/km2 dans certains États (en particulier Bihar et Uttar Pradesh). Pour relativiser ces chiffres, il faut noter que l'Inde comprend environ 600 000 localités en zone rurale, qui ne sont donc pas considérées comme des villes, même si certaines comptent plus de 10 000 habitants.
Le taux d'alphabétisation est estimé à 65,38 % en 2001 (52 % en 1991).
Le produit annuel par tête de l'Union indienne était en 1992-1993 de 8 237 roupies, soit un peu plus de 200 dollars. Il est bien clair qu'avec la croissance économique que connaît l'Inde depuis cette date (environ 6 % par an), cette somme est largement dépassée. Cependant, ce chiffre, qui représentait alors une moyenne entre les deux extrêmes que constituent d'un côté une petite minorité qui a des moyens d'existence comparables à ceux des pays développés et de l'autre une masse importante de personnes à la limite ou en dessous du seuil de pauvreté, mérite d'être gardé en mémoire, car il

montre l'écart entre le pouvoir d'achat d'un Indien et celui d'un touriste, qui vient en Inde et trouve la vie très bon marché !

4- Les États hindiphones

Bihar :
Superficie : 94 163 km2
Population : 82,878 millions d'habitants (2001)
Capitale : Patna
Langue nationale : hindi
Autres langues : bhojpuri, maithili (langues indo-aryennes)
Taux d'alphabétisation : 47,53 % (2001)
Population urbaine : 13,17 % (1991)
Le produit annuel par tête du Bihar était en 1992-1993 de 3 280 roupies, soit moins de la moitié du produit par tête de l'Union indienne, le Bihar restant l'un des États les plus pauvres de l'Inde.

Chandigarh (Territoire de l'Union, capitale des États du Punjab et de l'Haryana) :
Superficie : 114 km2
Population : 900 914 habitants (2001)
Langues nationales : hindi et punjabi
Taux d'alphabétisation : 81,76 % (2001)

Chhattisgarh :
Superficie : 135 194 km2
Population : 20,795 millions d'habitants (2001)
Capitale : Raipur
Langue nationale : hindi
Autres langues : chattisgarhi (langue indo-aryenne), gondi (langue dravidienne)
Taux d'alphabétisation : 65,18 % (2001)

Delhi (Territoire de l'Union, capitale de l'Union indienne) :
Superficie : 1 483 km2
Population : 13,782 millions d'habitants (2001)
Langue nationale : hindi
Taux d'alphabétisation : 81,82 % (2001)
Population urbaine : 89,90 % (1991)
Le produit annuel par tête de Delhi était en 1992-1993 de 11 650 roupies.

Haryana :
Superficie : 44 212 km2
Population : 21,082 millions d'habitants (2001)
Capitale : Chandigarh
Langue nationale : hindi
Autres langues : dogri, punjabi (langues indo-aryennes)
Taux d'alphabétisation : 68,59 % (2001)
Population urbaine : 24,60 % en 1991
Le produit par tête de l'Haryana était en 1992-1993 de 9 609 roupies.

Himachal Pradesh :
Superficie : 55 673 km2
Population : 6,077 millions d'habitants (2001)
Capitale : Shimla
Langue nationale : hindi
Autres langues : dogri, pahari (langues indo-aryennes)
Taux d'alphabétisation : 77,13 % (2001)
Population urbaine : 8,70 % (1991)
Le produit par tête de l'Himachal Pradesh était en 1992-1993 de 5355 roupies.

Jharkhand :
Superficie : 79 714 km2
Population : 26,909 millions d'habitants (2001)
Capitale : Ranchi
Langue nationale : hindi
Autres langues : bhojpuri (langue indo-aryenne), santali (langue austro-asiatique)
Taux d'alphabétisation : 54,13 % (2001)

Madhya Pradesh :
Superficie : 308 252 km2
Population : 60,385 millions d'habitants (2001)
Capitale : Bhopal
Langue nationale : hindi
Autres langues : bundeli, bhili, gujarati, rajasthani (langues indo-aryennes)
Taux d'alphabétisation : 64,11 % (2001)
Population urbaine : 23,20 % en 1991
Le produit annuel par tête du Madhya Pradesh était en 1992-1993 de 4 725 roupies.

Punjab :
Superficie : 50 362 km2
Population : 24,289 millions d'habitants (2001)
Capitale : Chandigarh
Langue nationale : punjabi
Autres langues : dogri, hindi (langues indo-aryennes)
Taux d'alphabétisation : 69,95 % (2001)
Population urbaine : 29,50 % en 1991
Le produit annuel par tête du Punjab était en 1992-1993 de 10 857 roupies.

Rajasthan :
Superficie : 342 239 km2
Population : 56,473 millions d'habitants (2001)
Capitale : Jaipur
Langue nationale : hindi
Autre langue : rajasthani (langue indo-aryenne)
Taux d'alphabétisation : 61,03 % (2001)
Population urbaine : 22,90 % en 1991
Le produit annuel par tête du Rajasthan était en 1992-1993 de 5 035 roupies.

Uttaranchal :
Superficie : 55 845 km2
Population : 8,479 millions d'habitants (2001)
Capitale : Dehra Dun
Langue nationale : hindi
Autres langues : garhwali, pahari (langues indo-aryennes)
Taux d'alphabétisation : 72,28 % (2001)

Uttar Pradesh :
Superficie : 236 286 km2
Population : 166,052 millions d'habitants (2001)
Capitale : Lucknow
Langue nationale : hindi
Autres langues : awadhi, braj (langues indo-aryennes)
Taux d'alphabétisation : 57,36 % (2001)

Présentation des langues indiennes

Beaucoup d'Européens qui vont en Inde ne savent en fait pas quelle langue on y parle vraiment. L'Inde, ou Union indienne, ayant été une colonie britannique (on disait alors « les Indes »), on pense souvent que l'anglais y est couramment parlé, et c'est vrai que l'on peut maintenant se débrouiller presque partout en Inde avec l'anglais. Certains croient qu'on y parle l'indien ou l'hindou, mais « Indien » désigne un ressortissant de l'Inde, tandis que le terme « hindou » réfère spécifiquement à la religion hindoue, majoritaire en Inde. Donc quelle est la langue de l'Inde ? Ou plus précisément quelles sont les langues de l'Inde ?

1- Langues officielles, langues nationales, et langues répertoriées

Officiellement, la constitution reconnaît deux « langues officielles », l'anglais et l'hindi, qui sont utilisées dans la vie publique et dans l'administration nationale à l'échelle de l'Union, et dix-huit « langues nationales », que l'on appellerait plus volontiers « régionales » en français et qui servent de manière préférentielle dans l'administration régionale, le système scolaire et les médias des États de l'Union, tout particulièrement les États créés après l'Indépendance sur des bases linguistiques pour tenir compte des sensibilités des ressortissants des régions concernées.

Ces dix-huit langues nationales sont :

- l'assamais ou assami (parlé dans l'État linguistique de l'Assam),
- le bengali (parlé dans l'État linguistique du Bengale occidental et bien sûr dans le pays voisin du Bangla Desh),
- le gujarati (parlé dans l'État linguistique du Gujarat),
- le hindi (langue nationale dans plusieurs États du nord, que nous détaillerons plus loin),
- le kannada (parlé dans l'État linguistique du Karnataka),
- le kashmiri (parlé dans l'État linguistique du Jammu-Kashmir),

- le konkani (parlé dans le territoire de Goa),
- le malayalam (parlé dans l'État linguistique du Kerala),
- le manipuri (parlé dans l'État linguistique du Manipur),
- le marathi (parlé dans l'État linguistique du Maharashtra),
- le népali (qui n'est pas lié à un État de l'Inde, mais qui est parlé dans certains districts frontaliers du nord-est, notamment au Bengale occidental, et bien sûr dans le pays voisin du Népal),
- l'oriya (parlé dans l'État linguistique de l'Orissa),
- le panjabi (parlé dans l'État linguistique du Panjab),
- le sanscrit (qui est certes une langue morte, mais qui est encore pratiquée par les lettrés et dans les écoles de récitation des *Veda*),
- le sindhi (qui n'est pas lié à un État de l'Inde, mais qui est parlé par les réfugiés hindous du Sindh, province du Pakistan depuis la partition de 1947),
-le tamoul (parlé dans l'État linguistique du Tamil Nadu et bien sûr dans la partie septentrionale du pays voisin, le Shri Lanka),
- le telugu (parlé dans l'État linguistique de l'Andhra Pradesh), et
- l'urdu (qui n'est pas lié à un État de l'Inde, mais qui est la variante du hindi parlée par les musulmans de l'Inde et du Pakistan et qui s'écrit avec l'écriture arabe adaptée au système phonétique et morphologique du hindi-urdu).

Pour bien comprendre cette situation complexe, prenons l'exemple de Mumbai (Bombay), qui se trouve au sud-ouest du pays et qui est la porte de l'Inde pour de nombreux touristes : l'anglais et le hindi sont les langues officielles, en usage notamment à l'aéroport international, mais la langue de l'État dont Mumbai est la capitale, le Maharashtra (et donc la langue des services publics et de la majorité des habitants de Mumbai) est en fait l'une des langues nationales : le marathi. La métropole de Mumbai regroupant des habitants de toute l'Inde, immigrés économiques récents ou familles plus anciennement installées, les autres grandes langues de l'Inde y sont présentes également, aussi bien dans la vie des quartiers que dans la presse locale, Bombay ayant des journaux en bengali, en tamoul et en gujarati.

Outre ces grandes langucs, on trouve en Inde une quantité innombrable de dialectes. Le « Linguistic Survey of India » réalisé au début du siècle sous les Britanniques par G. Grierson a recensé jusqu'à 826 langues et dialectes. Certains de ces dialectes sont souvent des parlers importants régionalement et ont acquis le statut constitutionnel de langue répertoriée, devenant à l'occasion langue nationale (comme le konkani en 1992).

2- Le hindi, langue indo-aryenne

Le hindi, comme l'ensemble des parlers des régions où il est prédominant, est une langue de la famille indo-européenne, en sorte que l'on peut trouver une relation distante avec nos langues européennes (mais certaines ressemblances dans le vocabulaire résultent d'emprunts à l'anglais ou au portugais). De même que le français vient pour partie du latin, le hindi dérive, au terme d'une longue histoire, du sanscrit, faisant ainsi partie du sous-groupe des langues indo-européennes parlées dans le nord et l'ouest de la péninsule indienne que l'on appelle les langues indo-aryennes.

L'Inde, qui est occupée par deux grands groupes linguistiques, le groupe indo-aryen et le groupe dravidien (nous ne faisons pas état ici des groupes austro-asiatique et tibéto-birman, non spécifiques à l'Inde et très minoritaires) a une distribution claire de ces deux familles linguistiques. Si l'on accepte les monts Vindhya et la rivière Narmada dans l'Inde centrale comme formant la frontière entre le nord et le sud de l'Inde, alors l'indo-aryen occupe non seulement l'ensemble du nord de l'Inde, mais aussi une partie de l'Inde du sud (ainsi le domaine du marathi, langue indo-aryenne, se trouve entièrement au sud de cette limite).

Le groupe indo-aryen est présenté par les linguistes comme un « continuum » de langues et de dialectes locaux ou régionaux d'une extrémité à l'autre de son aire, la répartition en grandes langues (hindi, bengali, gujarati, marathi, panjabi, etc.) procédant plus d'une commodité de classification que de différences véritablement nettes et tranchées entre des parlers qui s'avèrent encore plus voisins les uns des autres que le français et l'espagnol.

3- Le hindi et son domaine linguistique

Le hindi, quand on ne le considère pas seulement comme langue officielle de l'Union à égalité avec l'anglais, est la langue nationale des États du nord de l'Inde. Ces derniers forment un ensemble régional que l'on appelle en anglais « Hindi belt » et dans lequel le hindi peut être considéré comme la langue maternelle de la grande majorité des habitants. Toutefois, bien que le hindi soit parlé et compris par l'ensemble de la population de ces régions, il est important de comprendre que le hindi est en réalité une sorte de ce « superstrat » linguistique, qui enveloppe d'innombrables parlers locaux et qui se substitue presque complètement à eux, linguistiquement comme culturellement.

En dehors des régions où il est dominant, langue maternelle des habitants et langue de la vie politique et administrative de certains États, le hindi, en dépit de son statut de langue officielle de l'Union, est en général compris, mais il n'est pas toujours bien accepté. En particulier, si l'on peut parler le hindi (et dialoguer en hindi) dans les grandes villes de l'Inde du sud du Karnataka, de l'Andhra Pradesh et du Kerala (dans le domaine dravidien), en revanche le hindi reste mal accepté dans le Tamil Nadu, y compris dans la ville cosmopolite de Chennai (Madras). Il semble en revanche beaucoup mieux accepté aujourd'hui au Bengale occidental (Calcutta) qu'il y a 20 ou 30 ans, cependant que son utilisation n'a jamais posé de vrais problèmes au Gujarat (à l'ouest) ou au Maharashtra (Bombay).

4- Le hindi en dehors de l'Inde

En dehors de l'Inde, le hindi est compris, et parfois parlé, dans les pays voisins de l'Inde, au Pakistan et au Népal, plus qu'au Bangla Desh et au Shri Lanka.

Le cas du Pakistan mérite tout particulièrement d'être signalé, dans la mesure où la langue officielle y est l'urdu, qui n'est rien d'autre qu'une variante du hindi, les différences étant l'écriture adaptée de l'alphabet arabe et une langue savante enrichie de vocables arabes ou persans. Les efforts que le lecteur aura consentis pour le hindi pourront donc lui servir à nouveau s'il veut se rendre au Pakistan, à la réserve qu'il devra d'une part utiliser les formules de politesse musulmanes (et donc éviter le "namaste" des hindous) et d'autre part se familiariser avec l'écriture de l'urdu, qui est plus complexe que celles de l'arabe et du persan et nécessite un apprentissage spécifique. En dehors des pays de l'Asie du sud, le hindi est compris par les minorités indiennes originaires de l'Inde du nord. On en rencontre bien entendu à Paris mais le lecteur doit bien comprendre que les nombreux Tamouls, de nationalité shrilankaise, ne parlent pas hindi, que les Bangladeshi sont de langue maternelle bengali et que les nombreux Punjabi du Pakistan, vendeurs de journaux dans le quartier latin ou dans le RER, même s'ils comprennent le hindi, sont des Pakistanais et préfèrent dire qu'ils parlent punjabi ou urdu. Les minorités indiennes hindiphones les plus importantes dans le monde se trouvent en Afrique du Sud, dans les Guyanes (notamment au Surinam), aux îles Fiji, à l'île Maurice et à Trinidad.

Aide Grammaticale

Dans les quelques pages qui suivent, nous souhaiterions faire rapidement état de certains points de grammaire du hindi, dans le but uniquement de faciliter la lecture des textes qui se trouvent dans ce livre. Nous invitons les lecteurs à se référer à des grammaires ou à des méthodes pour obtenir des informations plus complètes. Le hindi, comme d'autres langues indiennes, est une langue flexionnelle, qui a une morphologie nominale et une morphologie verbale.
Il y a deux genres en hindi, le *masculin (m.)* et le *féminin (f.)*. Cela ne veut pas dire qu'un mot masculin en français le sera en hindi aussi !
Il y a deux nombres : le *singulier (sg.)* et le *pluriel (pl.)*.

Autour du substantif

Il n'y a pas d'articles en hindi, mais un substantif peut être déterminé par un démonstratif :
« vah » (prononcé « vo ») , démonstratif de distance et
« yah » (prononcé « ye »), démonstratif de proximité.
Le hindi est une langue à *postpositions*. Ainsi, pour traduire « dans la maison » en hindi, il faut dire « ghar me˜ » (littéralement : maison dans) : « me˜ » est une *postposition*, qui doit se placer après le nom.
Un substantif a deux formes, que l'on appelle improprement cas direct et cas oblique. Le cas oblique est simplement la forme des substantifs devant une *postposition* . Ainsi, quand on tient compte du nombre (singulier et pluriel) un substantif peut avoir quatre formes :« kamrâ » (pièce, salle, en français)

forme ou cas :	***singulier (sg.)***	***pluriel (pl.)***
direct	kamrâ	Kamre
oblique + dans (me˜)	kamre- me˜	kamro˜- me˜

Un adjectif (et tout déterminant en fait) se place devant le substantif qu'il détermine ou modifie et s'accorde en genre, en nombre et en cas avec ce substantif.

	singulier	*Pluriel*
cas direct :	ye baRâ kamrâ	ye baRe kamre
français	cette grande pièce	ces grandes pièces
cas oblique (o.) :	is baRe kamre me˜	in baRe kamro˜ me˜
littéralement	cette-(o.) grand-(o.) pièce (o.) dans	ces-(o.) grand-(o.) pièce (o.) dans
français	dans cette grande pièce	dans ces grandes pièces

Les pronoms personnels

1. mè˜	ham
2. tû (plutôt : tum)	âp (honorifique et poli)
3. vah	ve

Il est déconseillé d'employer le pronom « tû ». Il vaut mieux en règle générale s'adresser à une personne avec la forme la plus polie « âp ».

Il faut comprendre que les pronoms personnels ne sont pas comme les noms avec juste un cas oblique et un cas direct. Il y aussi une forme de complément d'objet marqué, qui sert aussi de complément d'attribution, et une forme possessive propre...

Le verbe

Dans une phrase le verbe se place toujours **à la fin** de la phrase. Le hindi a des temps, des aspects et des modes, que l'on obtient le plus souvent par des procédés de dérivation ou d'auxiliation. Nous n'entrons pas dans les détails. Nous voudrions juste attirer l'attention des lecteurs sur quelques structures verbales que nous donnons ci-dessous.

Présent :

exemple du verbe « calnâ » : 'marcher'

« mè˜ caltâ/caltî hû˜ »
littéralement :
je marche (m.) / (f.) + être à la 1ère pers. du singulier.

« ham calte/caltî hè˜ »
littéralement :
nous marchons (m.) / (f.) + être du pluriel.

« tum calte/caltî ho »
littéralement :
tu marches (m.) / (f.) + être à la 2ème personne.

« âp calte/caltî hè˜ »,
littéralement :
vous (honorifique) + marchez (m.) (f.) + être au pluriel.

« vah caltâ/caltî hè »
littéralement :
il ou elle marche (m.) (f.) + être à la 3ème pers. du sing.

« ve calte/caltî hè˜ »
littéralement :
ils ou elles marchent (m.) (f.) + être au pluriel.

Présent actualisé :
exemple du verbe « gânâ » 'chanter'

« mè˜ gâ rahâ (m.) / rahî(f.) hu˜ »
littéralement :
je chante + reste être 1 pers. du sing.
(je suis en train de chanter) 'Je chante.'

« ham	gâ rahe	hè˜ »	'Nous chantons.'
« tum	gâ rahe/rahî	ho »	'Tu chantes.'
« âp	gâ rahe/rahî	hè˜ »	'Vous chantez.'
« vah	gâ rahâ/rahî	hè »	'Il ou elle chante.'
« ve	gâ rahe/rahî	hè˜ »	'Ils ou elles chantent.'

Futur :
exemple du verbe « khânâ » : 'manger'

« mè˜	khâû˜gâ/khâû˜gî »,	'je mangerai' (m.) (f.)
« ham	khâe˜ge/khâe˜gî »,	'nous mangerons' (m.) (f.)
« tum	khâoge/khâogî »,	'tu mangeras' (m.) (f.)
« âp	khâe˜ge/khâe˜gî »,	'vous mangerez' (m.) (f.)
« vah	khâegâ/khâegî »,	'il ou elle mangera' (m.) (f.)
« ve	khâe˜ge/khâe˜gî »,	'ils/elles mangeront' (m.) (f.)

Tournures d'ordre atténué

« (tum) DâkTar ko bulâo. »
littéralement : (vous) à-médecin appelez,
'Appelez le médecin.'

« (âp) DâkTar ko bulâie »
littéralement : (vous, forme polie) à-médecin appelez,
'Appelez le médecin.'

« vo sâRî jarâ mujhe dikhâie. »
littéralement : ce(là-bas) sari un peu à-moi montrez,
'Montrez-moi ce sari-là, s'il vous plaît.'

« hame˜ ciTThî bhejie**gâ**. »
littéralement : à-nous lettre envoyer (particule de politesse),
'Envoyez-nous une lettre.'

Quelques structures de phrases

« merâ ek bhâi hè. »
littéralement : de-moi un frère est ,
'J'ai un frère.'

« mere pâs ek gâRî hè. »
littéralement : de-moi (o.) près une voiture est,
'J'ai une voiture.'

« mujhe bhûkh lagî hè. »
littéralement : à-moi faim collée est',
'J'ai faim.'

« mujhe pyâs lagî hè. »
littéralement : à-moi soif collée est,
'J'ai soif.'

« ye jagah mujhe pasand âî. »
littéralement : cet endroit à-moi plaire est venu,
'Cet endroit m'a plu.'

Des interrogatifs

« ye **kaun** hè ? » 'Qui est-ce ?'

« tum **kyâ** karte ho ? » 'Que faites-vous ?'
(Notez que c'est la place de « **kyâ** » dans la phrase qui change le sens dans la phrase suivante)

« **kyâ** tum indaur jânâ câhtî ho ? »
'Est-ce que tu veux (f.) aller à Indore ?'

« âp **kab** lauToge ? »
'Quand rentrerez-vous ?'

« âp log **kahâ˜** jâ rahe hè˜ ? »
'Où allez-vous ?' (un vrai pluriel avec « log » : 'gens')

« ab tumhâre pâs **kitne** rupye hè˜ ? » littéralement : maintenant à-toi pres combien de roupies sont,
'Maintenant combien de roupies as-tu ?'
« **kitnâ** (m.sg.) / **kitnî** (f.sg. et pl.) ».

Listes des verbes :

se lever :	'uThnâ'
s'asseoir :	'bèThnâ'
rester debout :	
	'khaRâ rahnâ' (m.sg.)
	'khaRî rahnâ'(f.sg.)
	'khaRe rahnâ' (m.pl.)
	'khaRî rahnâ' (f.pl)
aller :	'jânâ'
appeler quelqu'un :	'bulânâ'
boire :	'pînâ'
courir :	'dauRnâ'
dire :	'kahnâ'
dormir :	'sonâ'
faire :	'karnâ'
jouer :	'khelnâ'
montrer :	'dikhânâ'
parler :	'bolnâ'
pleurer :	'ronâ'
regarder :	'dekhnâ'
rester :	'rahnâ'
rire :	'ha˜snâ'
sortir :	'nikalnâ'
venir :	'ânâ'

Alphabet, transcription et prononciation

Le hindi s'écrit en devanâgari, écriture qui est aussi utilisée pour le marathi (dans la région de Mumbai) et le népali (au Népal). Mais les autres langues de l'Inde ont des écritures différentes, qui n'en sont pas moins apparentées à la devanâgari et obéissent à des principes identiques.

La devanâgari est une écriture syllabique : un caractère représente donc une syllabe. Chaque syllabe est conçue comme une voyelle seule ou une consonne suivie d'une voyelle. La devanâgari n'est pas pour autant un syllabaire : l'ensemble des syllabes commençant par une même consonne reposent sur un élément graphique commun, cependant que les différentes voyelles possibles sont notées au moyen de signes diacritiques (que l'on appellera ici "signes vocaliques") ne remettant pas en cause l'identification de la consonne.

L'alphabet hindi

Nous présentons ci-dessous les caractères de l'écriture devanâgari dans l'ordre «alphabétique» du hindi, tels qu'ils apparaissent dans un dictionnaire. À la droite de chaque caractère figurent sa prononciation dans une transcription romanisée et des explications pour le débutant francophone. Dans le cas où il s'agit d'un caractère consonantique (donc avec une consonne initiale), l'alphabet hindi fait suivre la prononciation de la consonne d'un « a », voyelle « non marquée » (puisqu'elle a la particularité de ne pas être exprimée par un signe diacritique propre) ou « inhérente ». Suivant cette convention, c'est cette prononciation que nous donnons ici.

D'un point de vue graphique, on remarquera que les caractères de la devanâgari ont pour caractéristique d'être presque tous fermés à droite par un trait vertical.

En hindi, ce sont **les caractères vocaliques** qui ouvrent l'alphabet :

अ a une sorte de "eu", mais sans arrondir les lèvres

आ â le "a" français, mais allongé

इ i le "i" français, très bref

ई î le "i" français, allongé

उ u le "ou" français, très bref

ऊ û le "ou" français, allongé

ऋ prononcé comme un "r" suivi d'un "i"

ए e le "é" français, mais allongé et parfois plus fermé qu'un "é" français

ऐ ai le "è" français, mais allongé et parfois un peu plus ouvert qu'un "è" français

ओ o le "o" fermé du français (prononcé comme dans beau), mais allongé et parfois plus fermé que le "o" de beau

औ au le "o" ouvert du français (prononcé comme dans bord), mais allongé et parfois un peu plus ouvert que le "o" de bord.

On a ensuite **les caractères consonantiques :**

क ka comme en français, en veillant à ne pas émettre d'aspiration involontaire

ख kha comme le précédent, mais avec une aspiration marquée

ग ga comme en français, et sans aspiration

घ gha comme le précédent, mais avec une aspiration marquée

च ca une sorte de "tya" ou "tcha", mais en évitant d'arrondir les lèvres, et sans aspiration

छ cha comme le précédent, mais avec une aspiration marquée

ज ja une sorte de "dya" ou "dja", mais en évitant d'arrondir les lèvres, et sans aspiration

झ jha comme le précédent, mais avec une aspiration marquée

ट Ta une sorte de "ta", mais prononcé avec la pointe de la langue en contact avec le sommet du palais, et sans aspiration

ठ Tha comme le précédent, mais avec une aspiration marquée

ड Da une sorte de da, mais prononcé avec la pointe de la langue en contact avec le sommet du palais, et sans aspiration

ढ Dha comme le précédent, mais avec une aspiration marquée

त ta comme en français, et sans aspiration

थ tha comme le précédent, mais avec une aspiration marquée

द da comme en français, et sans aspiration

ध dha comme le précédent, mais avec une aspiration marquée

न na comme en français

प pa comme en français, et sans aspiration

फ pha comme le précédent, mais avec une aspiration marquée (il ne faut donc pas prononcer ph comme un f français)

ब ba comme en français, et sans aspiration

भ bha comme le précédent, mais avec une aspiration marquée

म ma comme en français

य ya comme en français

र ra un "r" roulé, mais moins roulé qu'en russe ou en bourguignon

ल la comme en français

व va proche de "wa"

श sha comme dans le français chat, mais sans arrondir les lèvres

ष sha comme le précédent (d'un emploi très limité), nous le transcrivons comme « S »

स sa comme en français

ह ha avec une aspiration marquée, autant sinon plus qu'en anglais.

Quelques autres caractères :
À cette liste de caractères, on doit ajouter huit autres caractères, qui, sauf dans le cas de Na (qui a un caractère indépendant), sont des caractères auxquels ont été ajouté un point (écrit en dessous de la consonne).
Voici d'abord trois caractères, qui n'apparaissent pas en début de mot :

ड़ Ra une sorte de ra, mais prononcé comme Ta et Da avec la pointe de la langue en contact avec le sommet du palais, et sans aspiration (dans l'ordre des caractères, Ra est à rechercher immédiatement après Da).

ढ़ Rha comme le précédent, mais avec une aspiration marquée (dans l'ordre des caractères, Rha est à rechercher immédiatement après Dha).

ण Na une sorte de na, mais prononcé comme Ta et Da avec la pointe de la langue en contact avec le sommet du palais, et sans aspiration (Na, caractère d'un usage limité, suit immédiatement Dha et Rha).

Voici ensuite cinq caractères, qui servent à **transcrire des mots étrangers** (arabes, persans, et dans une moindre mesure anglais), et qui sont d'un emploi limité :

क़ qa prononcé par les hindiphones en Inde comme ka

(dans les dictionnaires, qa n'est pas distingué de ka, en sorte que les mots avec qa apparaissent comme s'ils étaient écrits avec ka) «K» dans notre transcription.

ख़ xa prononcé par la plupart des hindiphones en Inde comme kha, mais parfois prononcé comme le "x" russe, c'est-à-dire comme une gutturale constrictive (dans les dictionnaires, xa n'est pas distingué de kha, en sorte que les mots avec xa apparaissent comme s'ils étaient écrits avec kha) « Kh » dans notre transcription.

ग़ Ga prononcé par les hindiphones en Inde comme ga (dans les dictionnaires, Ga n'est pas distingué de ga, en sorte que les mots avec Ga apparaissent comme s'ils étaient écrits avec ga).

ज़ za comme en français, mais parfois prononcé comme ja (dans les dictionnaires, za n'est pas distingué de ja, en sorte que les mots avec za apparaissent comme s'ils étaient écrits avec ja).

फ़ fa comme en français (dans les dictionnaires, fa n'est pas distingué de pha, en sorte que les mots avec fa apparaissent comme s'ils étaient écrits avec pha).

Les signes vocaliques :
Une fois que l'on est familiarisé avec l'ensemble des caractères qui précèdent, le problème principal qui se pose est de reconnaître les voyelles, qui, comme caractères vocaliques, peuvent former une syllabe indépendante (concrètement, en début de mot, lorsqu'elles ne sont pas précédées d'une consonne) ou peuvent aussi faire partie d'une syllabe (concrètement, lorsqu'elles sont précédées d'une consonne), apparaissant alors dans la graphie sous la forme d'un signe vocalique.

Dans le tableau qui suit, figurent de gauche à droite :
- chacun des caractères vocaliques, déjà présentés ci-dessus, qui marquent des voyelles en syllabe indépendante,
- la transcription romanisée de chacun de ces caractères (a, â, i, î, u, û, ri, e, ai(è), o, au),
- le signe vocalique correspondant à chacun des caractères vocaliques, quand il accompagne un caractère consonantique (dans ce cas, et c'est une particularité des écritures indiennes, le signe vocalique peut s'écrire aussi bien après qu'avant, au-dessus ou en dessous du caractère consonantique),
- la notation en exemple de chacun des signes vocaliques combinés avec le caractère consonantique, da.

द+अ = द	da+a=da
द+आ (ा)= दा	da+â=dâ
द+इ (ि) =दि	da+i=di
द+ई (ी)=दी	da+î=dî
द+उ (ु)=दु	da+u=du
द+ऊ(ू)=दू	da+û=dû
द+ऋ(ृ)=दृ	da+ri=dri
द+ए(े)=दे	da+e=de
द+ऐ (ै)=दै	da+ai=dai (dè)
द+ओ (ो)=दो	da+o=do
द+औ (ौ)= दौ	da+au=dau

Quelques autres signes :
Après les signes vocaliques, il faut mentionner d'autres signes, qui peuvent accompagner chacun des caractères, munis ou non d'un signe vocalique.

- Le point écrit au-dessus du caractère « पं », appelé anusvâr, indique normalement que la voyelle est suivie (sans être nasalisée) d'une consonne nasale, un peu comme en français dans le nom de la ville d'Annecy.

-La consonne nasale représentée par l'anusvâr est prononcée m ou n, en fonction du caractère qui suit (m devant pa ou ba, et n dans les autres cas).

- Le demi-cercle surmonté d'un point, le tout étant écrit au-dessus du caractère « पँ » et appelé candra bindû (mot-à-mot "une lune et unc goutte") ou anunâsik, exprime que la voyelle est nasalisée, comme en français dans "an" ou "on". Mais le lecteur intéressé par les détails phonétiques doit noter que, tandis qu'en français les voyelles nasalisées sont toujours des voyelles ouvertes ("an", "hein", "un" ou "on"), en hindi les voyelles fermées peuvent aussi être nasalisées. Ainsi, le hindi peut nasaliser i, ii, u, uu, qui ne doivent donc pas être prononcées ouvertes comme "in" et "un" en français, mais fermées comme le"i" et le "ou" du français et avec une nasalisation marquée. Enfin, dans le cas où l'anunâsik accompagne un signe vocalique écrit au-dessus de la consonne, la graphie moderne tend, pour éviter la surcharge, à faire l'économie du demi-cercle, réduisant donc l'anunâsik à un simple anusvâr.

- Les deux points ou visarga, qui suivent le caractère (accompagné ou non d'un signe vocalique), marquent une aspiration sourde dans quelques mots sanscrits « प्राय: ».

Une règle de lecture :

Avant de commencer à lire, il faut faire état du problème de la voyelle inhérente a, qui accompagne tout caractère consonantique et qui se comporte un peu comme le «e muet» du français.

- Dans le premier caractère d'un mot, la voyelle inhérente a est toujours prononcée.

- En revanche, le deuxième caractère d'un mot, s'il est dépourvu de signe vocalique et s'il est suivi d'un troisième caractère, lui-même accompagné d'un signe vocalique, perd sa voyelle inhérente a, comme dans अगला a-ga-lâ, prononcé aglâ "prochain".

- En fin de mot, tout caractère dépourvu de signe vocalique perd sa voyelle inhérente a, comme dans बार bâra prononcé bâr "fois".

Groupes de consonnes :
Une autre difficulté de la lecture du hindi est la possibilité de combiner deux consonnes. Quand deux consonnes sont jointes de la sorte, la devanâgari procède à une combinaison graphique de leurs caractères.

La devanâgari a d'une part des ligatures. Les deux plus courantes sont :
- ka + sha = ksha क्ष, comme dans अक्षर akshar "caractère syllabique".
- ja + nya (une lettre sanscrite sortie de l'usage) = gya ज्ञ, comme dans ज्ञान gyân "connaissance, savoir" ou dans आज्ञा âgyâ "ordre".

D'autre part, il existe des procédés de jonction des consonnes. Les caractères non combinés, comme on l'a vu, tendent à avoir un trait vertical qui les ferme à droite. Donc, pour combiner deux caractères, on enlève le trait vertical du caractère de la première consonne, pour ajouter le caractère de la seconde consonne, par exemple dans अच्छा acchâ "bon". Les lettres qui n'ont pas de trait vertical ne changent pas et on leur ajoute un petit trait en dessous pour indiquer qu'elles sont la première consonne d'un groupe de consonnes comme dans हड्डी "os".

Le cas des groupes de consonnes incluant le caractère ra doit enfin faire l'objet d'une grande attention :

- Seconde consonne d'un groupe de consonnes, le caractère ra est noté par un simple trait situé en bas et à gauche du trait fermant le caractère de la consonne sur la droite, comme dans प्रकाश prakâsh "lumière".
- Seconde consonne d'un groupe de consonnes, le caractère ra est parfois noté comme un 'v' inversé en bas de la première consonne comme dans राष्ट्र "nation".
- Quelques lettres spéciales qui sont des consonnes combinées : त्र tra ; श्र shra ; द्य dya.
- Première consonne d'un groupe de consonnes, ra (notez Suvarna) se place complètement à la fin du caractère de la deuxième consonne (et même après le signe vocalique, s'il y en a un), comme dans le prénom सुवर्णा SuvarNâ.

Tableaux récapitulatifs

Voyelles :

अ	आ	इ	ई	उ	ऊ	ऋ	ए	ऐ	ओ	औ
a	â	i	î	u	û	ri	e	è	o	au

Consonnes :

क	ख	ग	घ			(ङ) *
ka	kha	ga	gha			
च	छ	ज	झ			
ca	cha	ja	jha			(ञ) *
ट	ठ	ड	ढ	ड़	ढ़	ण
Ta	Tha	Da	Dha	Ra	Rha	Na
त	थ	द	ध			न
ta	tha	da	dha			na
प	फ	ब	भ			म
pa	pha	ba	bha			ma
य	र	ल	व			
ya	ra	la	va			
श	ष	स	ह			
sha	Sa (sha)	sa	ha			

*Ces lettres, nasales de la série, ne sont plus indépendantes. Elles indiquent les sons nasaux comme le « -ng » dans « parking » et « -gne » dans « montagne » respectivement.

Quelques lettres spéciales : रू rû ; हृ hri

Ponctuation : «। » indique la fin d'une phrase comme le point en français.

Note sur la transcription:
« ˜ » suivant une voyelle marque la nasalisation de la voyelle
«sh» se prononce comme «ch» en français.

«f» (du persan et de l'arabe, se trouve aussi dans les mots anglais) comme dans «facteur» en français.

«z» (du persan et de l'arabe) comme dans «réseau» en français.

«K» ("ha" du persan et de l'arabe) fricative vélaire sourde, se prononce très en arrière du palais mais l'air passe.

«Kh»(du persan et de l'arabe) est une gutturale constrictive.

«G» ("gain" du persan et de l'arabe) fricative vélaire sonore ressemble au «r» français mais se prononce un peu plus en arrière.

«T, D, N, L, S,» rétroflexes (les sons prononcés avec la pointe de la langue touchant le sommet du palais).

1

1.

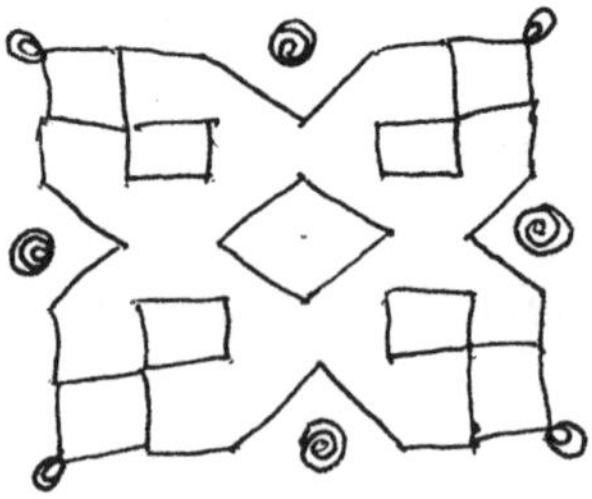

2.

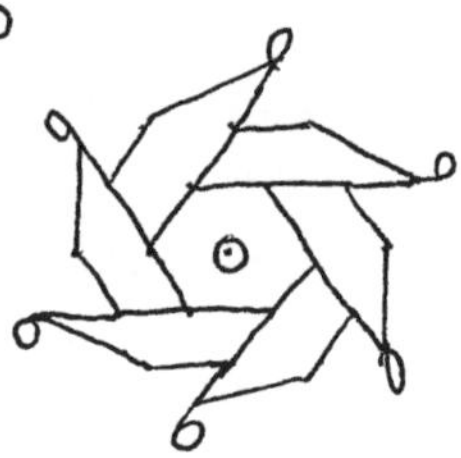

3.

« ra~golî »
Dessins que l'on fait à l'entrée de la maison.

Le Guide de Conversation pour l'Inde du Nord

Chapitre 1

Les premiers mots et expressions utiles

Vous trouverez ici quelques mots et expressions, utiles dès votre arrivée et jusqu'à la fin de votre séjour en Inde (du Nord). Pour avoir plus de détails sur un sujet précis, reportez-vous au chapitre thématique correspondant. (Voir *Index* page 8 ou *Sommaire* page 7)

Pour les salutations et les règles de politesse, se reporter également au chapitre 13, page 153.

Pour l'arrivée dans le pays, se reporter aux chapitres 1 et 3, pages 59 et 75.

La colonne de gauche est en français, *celle du milieu est la transcription phonétique* et celle de droite est en hindi (devanagari).

Enfin, (m.) et (f.) à la fin des phrases indiquent la variante entre le masculin et le féminin.

Bienvenue en Inde !	bhârat me˜ âpkâ svâgat hè !	भारत में आपका स्वागत है !
Bienvenue à New Delhi !	dillî me˜ âpkâ svâgat hè !	दिल्ली में आपका स्वागत है !
Bonjour ! (*ou* Bonsoir !)	- namaste ! - namaskâr !	नमस्ते ! नमस्कार !
Bonne nuit !	shubha râtrî !	शुभ रात्री !
Enchanté !	âpse milkar Khushî huî !	आपसे मिलकर ख़ुशी हुई !
Au revoir !	fir milte hè˜ !	फ़िर मिलते हैं !
À plus tard !	thoRî der bâd fir mile˜ge !	थोड़ी देर बाद फ़िर मिलेंगे !
S'il vous plaît. (*ou* S'il te plaît)	- kripyâ - meharbânî karke	कृपया मेहरबानी करके
Merci.	- dhannyawâd - shukriyâ	धन्यवाद शुक्रिया
Je vous remercie. (m.) (f.)	-mè˜ âpkâ âbhârî hû˜ -mè˜ âpkî âbhârî hû˜	मैं आपका आभारी हूँ मैं आपकी आभारी हूँ
Je te remercie.	-mè˜ tumhârâ âbhârî hû.˜ (m.) -mè˜ tumhârî âbhârî hû.˜ (f.)	मैं तुम्हारा आभारी हूँ मैं तुम्हारी आभारी हूँ
Je vous en prie.	-mè˜ âp se bintî kartâ hû˜. (m.) -mè˜ âp se bintî kartî hû˜. (f.)	मैं आपसे बिनती करता हूँ मैं आपसे बिनती करती हूँ
Je t'en prie.	mè˜ tum se bintî kartâ hû˜.	मैं तुमसे बिनती करता हूँ
De rien.	-koî bât nahî˜ -usme˜ kaunsî baRî bât hè.	कोई बात नहीं उस में कौनसी बड़ी बात है !
Excusez-moi !	-mujhe kshamâ -mâf kîjie	मुझे क्षमा कीजिए मुझे माफ़ कीजिए

Je suis désolé.	mè˜ kshamâ (*ou* mâfî) câhtâ hû˜ (m.)	मैं क्षमा (माफ़ी) चाहता हूँ
	mè˜ kshamâ (*ou* mâfî) câhtî hû˜ (f.)	मैं क्षमा (माफ़ी) चाहती हूँ
Pardon ? (Comment ?)	âpne kuch kahâ ?	आपने कुछ कहा ?
Oui.	(jî)hâ˜	(जी) हाँ
Non.	(jî) nahî˜	(जी) नहीं
Non merci.	(jî) nahî˜ shukriyâ	(जी) नहीं, शुक्रिया
Monsieur Sharma	shrîyut sharmâ	श्रीयुत शर्मा
Madame Gundeca	shrîmatî guNDecâ	श्रीमती गुंड्चा
Mademoiselle Malik	kumârî malik	कुमारी मलिक
Comment allez vous ?	-âp kèse hè˜ ?	आप कैसे हैं?
	-âp kèsî hè˜ ?	आप कैसी हैं?
Comment vas-tu ?	-tum kèse ho ? (m.)	तुम कैसे हो ?
	-tum kèsî ho ? (f.)	तुम कैसी हो ?
Ça va ?	sab Thîk cal rahâ hè ?	सब ठीक चल रहा है ?
Très bien.	mast cal rahâ hè	मस्त चल रहा है
Je vais bien.	Thîk hû˜.	ठीक हूँ
Je suis content/e.	mè˜ Khush hû˜.	मैं ख़ुश हूँ
Je suis heureux.	mè˜ Khush hû˜	मैं ख़ुश हूँ
Je suis ému.	mè˜ gadgad ho gayâ hû˜.	मैं गदगद हो गया हूँ
Je suis émue.	mè˜ gadgad ho gaî hû˜.	मैं गदगद हो गई हूँ
Ça ne va pas.	Thîk nahî˜ hû˜.	ठीक नहीं हूँ
Je suis fatigué.	-mè˜ thak gayâ hû˜	मैं थक गया हूँ
Je suis fatiguée.	-mè˜ thak gaî hû˜	मैं थक गई हूँ
Je me sens mal.	merî tabiyat Thîk nahi˜ hè.	मेरी तबियत ठीक नहीं है
Je suis fâché/e.	mujhe Gussâ âyâ hè.	मुझे गुस्सा आया है

Entrée	a˜dar	अंदर
Sortie	bâhar	बाहर
Arrivée	âgman	आगमन
Départ	prasthân	प्रस्थान
Je ne comprends pas l'hindi.	-mè˜ hi˜dî samajhtâ nahî˜ . (m.) -mè˜ hi˜dî samajhtî nahî˜. (f.)	मैं हिंदी समझता नहीं मैं हिंदी समझती नहीं
Je parle le français.	-mè˜ fransîsî boltâ hû˜. (m.) -mè˜ fransîsî boltî hû˜. (f.)	मैं फ़्रांसीसी बोलता हूँ मैं फ़्रांसीसी बोलती हूँ
Je parle un peu anglais.	-mè˜ thoRî bahut angrezî boltâ hû˜. (m.) -mè˜ thoRî bahut angrezî boltî hû˜. (f.)	मैं थोड़ी बहुत अंग्रेजी बोलता हूँ मैं थोड़ी बहुत अंग्रेजी बोलती हूँ
Y'a-t-il quelqu'un qui parle anglais ?	yahâ˜ angrezî bolnevâlâ koî hè ?	यहाँ अंग्रेजी बोलनेवाला कोई है ?
Je voudrais avoir un interprète.	mujhe ek inTarpriTar câhie ;	मुझे एक इंटरप्रिटर चाहिए
Qu'est-ce que c'est ?	ye kyâ hè ?	यह क्या है?
C'est très important.	ye ek zarûrî bât hè.	यह एक ज़रुरी बात है
C'est sans importance.	ye bât zarûrî nahî˜ hè.	यह बात ज़रुरी नहीं है
C'est urgent !	isko turant karnâ hogâ !	इस को तुरंत करना होगा
C'est nécessaire.	ye zarûrî hè.	यह ज़रुरी है
Ce n'est pas grave.	koî bât nahî˜	कोई बात नहीं
C'est intéressant.	ye dilcasp hè.	यह दिलचस्प है

Puis-je nager ici ?	-kyâ mè˜ yahâ˜ tèr saktâ hû˜ ? (m.) -kyâ mè˜ yahâ˜ tèr saktî hû˜ ? (f.)	क्या मैं यहाँ तैर सकता हूँ? क्या मैं यहाँ तैर सकती हूँ?
Non, c'est interdit ici.	nahî˜, yahâ˜ manâ hè.	नहीं, यहाँ मना है
Bien sûr !	-avashy ! -zarûr !	अवश्य ज़रुर
Je suis d'accord.	mè˜ sahmat hû˜.	मैं सहमत हूँ
Je ne suis pas d'accord.	mè˜ sahmat nahî˜ hû˜.	मैं सहमत नहीं हूँ
J'accepte.	mè˜ mântâ hû˜.	मैं मानता हूँ
Je n'accepte pas.	mè˜ nahî˜ mântâ .	मैं नहीं मानता
Pourquoi ?	kyo˜ ?	क्यों ?
Attendez un instant.	ek minaT rukie.	एक मिनट रुकिए
Attention !	sâvdhân !	सावधान
Tiens.	ye lo	यह लो !
Tenez	ye lîjie	यह लीजिए !
Aidez-moi.	merî madad kîjie	मेरी मदद कीजिए
Au secours !	bacâo	बचाओ
Présentations :	paricay	परिचय
Quel est votre nom ?	-âpkâ shubhnâm ? -âpkâ nâm kyâ hè ?	आपकाशुभनाम? आपका नाम क्या है?
Je me présente.	-mè˜ apnâ paricay detâ hû˜. (m.) -mè˜ apnâ paricay detî hû˜. (f.)	मैं अपना परिचय देता हूँ मैं अपना परिचय देती हूँ
Je m'appelle Pierre.	merâ nâm piyer hè.	मेरा नाम पियेर है
Je suis Français/e	mè˜ frânsîsî hû˜.	मैं फ्रांसीसी हूँ
Je suis Belge.	mè˜ belj hû˜.	मैं बेल्ज हूँ
Je suis Suisse.	mè˜ svis hû˜.	मैं स्विस हूँ
Je suis Canadien.	mè˜ kèneDîyan hû˜.	मैं कैनेडीयन हूँ

J'ai 30 ans.	-mè˜ tîs sâl kâ hû˜. (m.) -mè˜ tîs sâl kî hû˜. (f.)	मैं तीस साल का हूँ मैं तीस साल की हूँ
Je suis ingénieur.	mè˜ i˜jinîyar hû˜.	मैं इंजीनियर हूँ
Je suis de Paris.	èn pèrîs se hû˜.	मैं पैरीस से हूँ
Je travaille chez Renault.	mè˜ reno kampnî me˜ naukrî kartâ hû˜.	मैं रेनो कंपनी में नौकरी करता हूँ
collègue	sahkarmcârî	सहकर्मचारी
ami	-mitra -dost	मित्र दोस्त
entreprise	Kampnî	कंपनी
Je cherche…	mè˜ …khoj rahâ hû˜	मैं ...खोज रहा हूँ
-un taxi	-ek Tèksî	एक टैक्सी
-un chauffeur	-ek Drèvhar	एक ड्रैव्हर
-une voiture	-ek gâRî	एक गाड़ी
-une voiture de location	-ek kirâe kî gâRî	एक किराए की गाड़ी
-un bus	-ek bas	एक बस
-une navette	-ek gâRî -shaTal	एक गाड़ी शटल
-le métro (station)	-meTro sTeshan	मेट्रो स्टेशन
-le train	-ek Tren -relgâRî	एक ट्रेन रेलगाड़ी
-la gare	sTeshan	स्टेशन
-l'aéroport	-havâî-aDDâ -earporT	हवाई-अड्डा एअरपोर्ट
-ambassade de Belgique	beljiyam kâ râjdûtâvâs	बेल्जियम का राजदूतावास
-la police	pulis	पुलिस
Où ?	kahâ˜	कहाँ?
Où est ce magasin?	ye dukân kahâ˜ hè˜ ?	यह दुकान कहाँ है?
-tout près	-pâs me˜	पास में

-à côté	-baGal me˜	बग़ल में
-loin	-dûr	दूर
-plus loin	-aur dûr	और दूर
-en bas	-nîce	नीचे
-en haut	-ûpar	ऊपर
-tout droit	-bilkul sîdhâ	बिलकुल सीधा
-à gauche	-bâe˜	बाएँ
-à droite	-dâhine	दाहिने
-ici	-yahâ˜	यहाँ
-là-bas	-vahâ˜	वहाँ
-au milieu	-bîc me˜	बीच में
-en face / devant	-sâmne	सामने
-derrière	-pîche	पीछे
À combien de minutes d'ici ?	yahâ˜ se kitne minaT kî dûrî par ?	यहाँ से कितने मिनट की दूरी पर?
À 10 minutes d'ici.	yahâ˜ se das minaT kî dûrî par.	यहाँ से दस मिनट की दूरी पर
Quand ?	kab ?	कब ?
maintenant	abhî	अभी
plus tard	kuch der bâd	कुछ देर बाद
avant	pahle	पहले
après	bâd me˜	बाद में
tôt	jaldî	जल्दी
tard	der se	देर से
longtemps	der tak	देर तक
parfois	kabhî-kabhî	कभी-कभी
toujours	hameshâ	हमेशा
jamais	kabhî nahî˜	कभी नहीं
souvent	aksar	अकसर
bientôt	jaldî hî	जल्दी ही
dans une heure	ek ghaNTe me˜	एक घंटे में
d'abord	pahle	पहले
Dormir	sonâ	सोना
hôtel	hoTal	होटल
lit	-beD	बेड
	-bistar	बिस्तर

salle de bains	-snângrih	स्नानगृह
	-GusalKhânâ	ग़ुसलख़ाना
lavabo	besin	बेसिन
toilettes	shaucghar	शौचघर
Manger	khânâ	खाना
restaurant	resToreNT	रेस्टोरेंट
boisson chaude	garam pey	गरम पेय
boisson fraîchc	-ThaNDâ	ठंडा
(froide)	-shît pey	शीत पेय
de l'eau	pânî	पानी
bon	acchâ	अच्छा
mauvais	Kharâb/burâ	ख़राब/बुरा
Changer	bhunânâ	भुनाना
distributeur automatique	é.ti.èm.	ए टीएम
banque	bè˜k	बैंक
taux de change	bhâv (ou reT)	भाव / रेट
argent	pèse	पैसे
Roupie (sing.)	-rupyâ	रुपया
Roupies (plur.)	-rupye	रुपये
espèces	-cillar	चिल्लर
	-ce˜j	चेंज
carte de crédit	kreDiT kârD	क्रेडिट कार्ड
Achats	Kharîdârî	ख़रीदारी
Combien ça coûte ?	kitne kâ hè ?	कितने का है?
C'est un peu cher.	thoRâ maha˜gâ hè.	थोड़ा महंगा है
C'est un bon prix.	-ye Kîmat Thîk hè.	यह कीमत ठीक है
	–ye dar Thîk hè.	यह दर ठीक है
payer	pèse denâ	पैसे देना
boutique	dukân	दुकान
moins	kam	कम
beaucoup	bahut	बहुत
peu	thoRâ	थोड़ा
plus	zyâdâ	ज़्यादा
assez	Kâfî	क़ाफ़ी

Chapitre 2

Le voyage

Tout voyage en Inde nécessite un visa. Pour l'obtenir, il faut déposer les documents demandés au Consulat indien pour obtenir le visa le lendemain dans l'après-midi (si vous avez fourni les bons documents). C'est une situation idéale, mais il vaut mieux s'y prendre le plus tôt possible. Enfin, il n'y a pas de vaccination obligatoire pour se rendre en Inde.

Consulats de l'Inde :

* 20/22 Rue Alberic Magnard
75016 Paris, **France**.
Tél. : 01-40 50 71 71
Fax : 01-40 50 09 96

Horaires : 9h-10h30 du lundi au vendredi
(sauf jours fériés indiens et français)

* 9, rue de Valois
CH-1202 Genève, **Suisse**.
Tél. : (22) 906 86 86
Fax : (22) 906 86 76

OU

* Kirchenfeldtraffe 28
Postfach 406
CH-3000 Berne, **Suisse**.
Tél. : (31) 351 11 10, (31) 351 10 46
Fax : (31) 351 15 57

Office National Indien du Tourisme

* 13, Boulevard Haussmann
75009 Paris, **France**
Tél. : 01-45233045
Fax : 01-45233345
Site internet : http://www.tourismofindia.com
E-mail : indtourparis@aol.com

(Il n'y a plus de bureau de Tourisme indien en **Suisse** : il faut s'adresser au bureau de Paris. À partir de la **Belgique**, il faut contacter le bureau d'Amsterdam.)

* Rokin 9/15, 1012 KK Amsterdam,
The Netherlands
Tél. : 0031-20-6208991
Fax : 0031-20-6383059
Site internet : www.india-tourism.com/nl
E-mail : director.nl@india-tourism.com ou info.nl@india-tourism.com

* 60, Bloor street (west) suite 1003
Toronto
Canada M4W 3 B8
Tél. : 001-416-962-3787/3788
Fax : 001-416-962-6279
Site internet : www.tourindia.com
E-mail : india@istar.ca

Les Ambassades francophones en Inde

* Ambassade de **Belgique**, 50-N, Shantipath, Chanakyapuri, New Delhi-110 021.
Tél. : 0091-11- 2688 9851
Fax : 2688 5821.

* Ambassade du **Canada**, 7/8, Shantipath, Chanakyapuri, New Delhi-110 021.
Tél. : 2687 6500 ; Fax : 2687 6579.

* Ambassade de **France**, 2/50-E, Shantipath, Chanakyapuri, New Delhi-110 021.
Tél. : 2611 8790 ; Fax : 2687 2305

* Ambassade de **Suisse**, Nyaya Marg, Chanakyapuri, New Delhi-110 021.
Tél.: 2687 8372 / 3 / 4 ; Fax : 2687 3093.

Air India assure des vols réguliers à partir de la Belgique, du Canada, de la France et de la Suisse. À partir de Paris, Air India et Air France ont des vols directs pour Delhi ou Mumbai (Bombay). D'autres compagnies proposent des vols non-directs.
Entre Paris et Delhi ou Mumbai, un billet Aller/Retour en classe économique peut coûter 600 euros et aller jusqu'à 1 300 euros pendant les périodes de haute saison.
* Air India
5 Rue des Colonnes
75002 Paris
Tél. : 01-55 35 40 10.
Pour réserver, acheter ou confirmer un billet d'avion une fois en Inde, on peut s'adresser directement à la compagnie aérienne ou passer par une agence de voyages, ce qui revient un peu plus cher avec la commission.

Deux banques indiennes à Paris :

* State Bank of India
12 Rond-point des Champs-Élysées
75008 Paris
Tél. : 01 53 77 23 00

* Bank of India
3 Rue Scribe
75004 Paris
Tél. : 01 42 66 49 89

Voyage	-yâtrâ -safar	यात्रा सफ़र
Bon voyage !	subh yâtrâ !	शुभ यात्रा
Bienvenue en Inde !	bhârat me˜ âpkâ svâgat he !	भारत में आपका स्वागत है
Vous voyagez seul ?	kyâ âp akele yâtrâ kar rahe hè˜ ?	क्या आप अकेले यात्रा कर रहे हैं?
-avec la famille	-apne parivâr ke sâth hû˜	अपने परिवार के साथ हूँ
-avec ma femme	-apnî patnî ke sâth hû˜	अपनी पत्नी के साथ हूँ
-avec mes enfants	-apne bacco˜ ke sâth hû˜	अपने बच्चों के साथ हूँ
-avec mes amis	-apne mitro˜ ke sâth hû˜	अपने मित्रों के साथ हूँ
-avec mes collègues	-apne sahkâriyo˜ ke sâth hû˜	अपने सहकारियों के साथ हूँ
Sortie	bâhar	बाहर
Entrée	-pravesh -a˜dar	प्रवेश अंदर
Douane	sîmâ shulk	शीमा शुल्क
Votre passeport, s'il vous plaît.	kripyâ âpkâ pârpatra (*ou* pâsporT) dikhâie.	कृपया आपका पारपत्र/पासपोर्ट दिखाइए
Quelle est votre nationalité ?	-âpkî neshaneliTî? -âpkî nâgrîktâ ?	आपकी नैशनेलिटी ? आपकी नागरिकता ?
-française.	frânsîsî.	फ्रांसीसी
-belge.	belj.	बेल्ज
-suisse.	svis.	स्विस
-canadienne.	kèneDîyan.	कैनेडीयन
Quel est le but de votre voyage ?	âpkî yâtrâ kâ uddeshya kyâ hè?	आपकी यात्रा का उद्देश्य क्या है ?
-tourisme.	-paryaTan.	पर्यटन
-voyage d'affaires.	-vyâpâr samba˜dhit yâtrâ.	व्यापार संबंधित यात्रा

-voyage organisé.	-yâtrâ kampnî ke sâth.	यात्रा कंपनी के साथ
-pour passer les vacances.	-chuTTiyâ˜ manâne ke lie	छुट्टियाँ मनाने के लिए
Combien de temps restez-vous en Inde ?	bhârat me˜ âp kitne din rahe˜ge ?	भारत में आप कितने दिन रहेंगे?
-deux semaines.	-do saptâh.	दो सप्ताह
-un mois.	-ek mahinâ.	एक महीना
Agence de voyage	-yâtrâ kampnî -Trèval egensî	यात्रा कंपनी ट्रैवेल एजेंसी
compagnies aériennes	havâî kampnî	हवाई कंपनी
J'ai besoin d'un billet pour aller à Paris.	mujhe pèris jâne ke lie ek TikaT câhie.	मुझे पैरिस जाने के लिए एक टिकट चाहिए
Je cherche un billet aller-retour.	mujhe ek âne-jâne kâ TikaT câhie.	मुझे एक आने-जाने का टिकट चाहिए
En quelle classe voulez-vous voyager ?	-kaunse klâs me˜ jânâ câhte hè˜ âp ? -kaunsî shreNî me˜ jânâ câhte hè˜ âp ?	कौनसे क्लास में जाना चाहते हैं आप ? कौनसी श्रेणी में जाना चाहते हैं आप ?
En première classe.	-pratham klâs. -pratham shreNî.	प्रथम क्लास प्रथम श्रेणी
En classe économique.	-ikonomî klâs. -ikonomî shreNî.	इकोनोमी क्लास इकोनोमीश्रेणी
Quand voulez-vous partir ?	âp kab jânâ câhte hè˜ ?	आप कब जाना चाहते हैं ?
Dès que possible.	jald se jald.	जल्द से जल्द
À l'aéroport :	havâî aDDe par	हवाई-अड्डे पर
Informations	jânkârî	जानकारी
Vols internationaux	-a˜tarrâshTrîy uRân -a˜tarrâshTrîy flâiT	अंतर्राष्ट्रीय उड़ान अंतर्राष्ट्रीय फ़्लाइट

Vols nationaux	a˜tardeshîya uRân	अंतरदेशीय उड़ान
Vol pour Paris	pèris ke lie uRân	पैरिस के लिए उड़ान
Départ	prasthân	प्रस्थान
Arrivée	âgman	आगमन
Embarquement	-embarkeshan -ârohaN	embarkation आरोहण
Enregistrement des bagages	sâmân ki nau˜d	सामान की नौंद
Mettez vos bagages sur la balance.	sâmân kâNTe par rakhie.	सामान काँटे पर रखिए
Combien de valises avez-vous ?	âpke pâs kitnî âTecî hè˜ ?	आपके पास कितनी अटेची हैं ?
J'ai une valise.	mere pâs ek âTecî hè.	मेरे पास एक अटेची है
J'ai un bagage à main.	mere pâs ek kebin bèg hè.	मेरे पास एक केबिन बैग है
Puis-je avoir une place côté hublot ?	kyâ mujhe khiRkî ke pâsvâlî sîT mil saktî hè ?	क्या मुझे खिड़की के पासवाली सीट मिल सकती है?
Le vol est annulé.	uRân rad ho gaî hè.	उड़ान रद हो गई है
securité	surakshâ jâ˜c	सुरक्षा जाँच
Dans l'avion :	vimân me˜	विमान में
Nous allons décoller.	vimân uRân ke lie tayyâr hè.	विमान उड़ान के लिए तैयार है
Nous allons atterrir.	vimân utarne ke lie tayyâr hè	विमान उतरने के लिए तैयार है
cabine	kebin	केबिन
hôtesse de l'air	vimân paricârikâ	विमान परिचारिका
pilote	vimân-câlak	विमान-चालक
steward	vimân karmî	विमान-कर्मी
Le repas est servi une fois.	khânâ ek bâr diyâ jâegâ.	खाना एक बार दिया जाएगा

Un verre d'eau s'il vous plaît !	kripyâ ek gilâs pânî dîjie !	कृपया एक गिलास पानी दीजिए
À l'arrivée :	pahu˜cne par	पहुँचने पर
Où se trouvent les bagages ?	sâmân kahâ˜ milegâ ?	सामान कहाँ मिलेगा?
Comment puis-je aller au centre-ville ?	shaharme˜ kèse jâ saktâ hû˜ ?	शहर में कैसे जा सकता हूँ ?
Comment puis-je aller à l'Université de Delhi	dillî vishvavidyâlay kèse jânâ hogâ ?	दिल्ली विश्वविद्यालय कैसे जाना होगा ?
Bus	bas.	बस
Train.	Tren.	ट्रेन
Je voudrais prendre un taxi.	mè˜ Tèksî lenâ câhtâ hû˜	मैं एक टैक्सी लेना चाहता हूँ
Combien ça coûte ?	kitne pèse lage˜ge ?	कितने पैसे लगेंगे?
Je voudrais louer une voiture.	mè˜ ek gâRî (*ou* kâr) kirâepar lenâ câhtâ hû˜.	मैं एक गाड़ी (कार) किराए पर लेना चाहता हूँ
Où puis-je changer un peu d'argent ?	mè˜ thoRe pèse kahâ˜ bhunâ pâu˜gâ ?	मैं थोड़े पैसे कहाँ भुना पाऊँगा?
Je voudrais boire quelque-chose.	mè˜ kuch pînâ câhtâ hû.˜	मैं कुछ पीना चाहता हूँ
Où puis-je manger ?	mè˜ khânâ kahâ˜ khâ saktâ hû˜ ?	मैं खाना कहाँ खा सकता हूँ?
Où sont les toilettes ?	-ToyleT kahâ˜ hè ? -shaucghar kahâ˜ hè ?	टॉयलेट कहाँ है? शौचघर कहाँ है?

Notes personnelles

Chapitre 3

Transport et orientation

L'avion

Les quatre aéroports internationaux principaux de l'Inde sont à Mumbai (Bombay), Chennai (Madras), Delhi et Kolkata (Calcutta). Les aéroports d'Hyderabad, Bangalore et de Thiruvananthapuram servent aussi d'aéroports internationaux pour certaines destinations et compagnies aériennes.
Air India offre essentiellement des services internationaux et Indian Airlines opère dans le pays et pour des vols réguliers vers les pays voisins. D'autres compagnies comme Jet Airways ou Alliance Airlines assurent aussi certains vols intérieurs.
Indian Airlines propose des tarifs spéciaux aux étrangers et aux Indiens vivant à l'étranger : « Youth fare India», « Discover India » et « India Wonderfares ». Renseignez-vous auprès d'une agence de voyages ou à l'aéroport en arrivant en Inde.
Les aéroports sont reliés à la ville par un service d'autocars ou de taxis assuré 24h/24.

Le train

Le réseau ferroviaire indien est le deuxième du monde. Les trains comme le Rajdhani Express ou le Shatabdi Express offrent un service rapide (Super Fast Express) reliant quelques villes principales. D'autres trains rapides (Express) et des trains lents relient tout le pays. On a le choix entre les 1ère ou 2ème classes en voiture climatisée ou non. Les chemins de fer indiens « Bhâratîya rel » fournissent un système de réservations informatisées dans la plupart des gares (où les guichets sont ouverts de 08h00 à 20h00 du lundi au samedi et jusqu'à 14h00 le dimanche). Il y a d'autres guichets en ville si la gare est éloignée du centre. En Inde, on peut voyager à très bon prix. La carte d'abonnement « Indrailpass » est pratique. On peut l'acheter auprès des guides touristiques du chemin de fer, dans les bureaux centraux de réservations de plusieurs grandes villes ou dans les aéroports internationaux.

La route

Le réseau routier comprend des routes nationales « râSTrîya mahamârg » ou « National Highway » en anglais, qui passent par les villes et villages, les grandes routes d'État, et d'autres petites routes secondaires.

Les Corporations de transport de l'État proposent des cars (**bus**), pour la plupart non climatisés. Des compagnies privées opèrent avec le service public. Le transport public est plus fiable que le privé.

Il reste la possibilité de **louer une voiture** privée avec chauffeur si vous avez l'intention de sillonner une région. Les tarifs varient d'une région à l'autre et en fonction de la durée du voyage et du type de voiture que vous louez. En général, ce sont des « Ambassador », « Tata Sumo », des modèles de « Maruti » ou encore des « Tata Indica ». Ces dernières sont souvent climatisées. Il est possible de louer une voiture dans les hôtels. (Voir chap. 11).

Les transports locaux

C'est variable d'une ville à l'autre. En général, il y a un service de bus public (au gaz à Delhi) et de trois roues « auto**rickshaws** », moyen très commode pour les déplacements courtes distances. Dans les **bus**, le « conductor » gère les montées et les descentes tout en vendant les tickets. Dans certaines agglomérations vous verrez aussi des **vélorickshaws** et des « **tâ˜gâ** » (chariots à cheval). Kolkata (Calcutta) possède un **métro** et à Mumbai (Bombay) la plupart des déplacements s'effectue en **trains** électriques dits « local trains ».

Dans les grandes villes, les **taxis** sont noirs avec le toit jaune. Ils ont habituellement un compteur mais ne s'en servent presque jamais ! Il faut négocier avant de monter dans le véhicule. Dans les aéroports et devant les gares, des taxis ou des autorickshaws offrent un service prépayé. C'est un moyen pratique pour éviter les malentendus avec les chauffeurs !

Il faut prévoir plus de temps qu'en Europe ou au Canada quand on emprunte la voie ferrée ou la route. N'oubliez donc pas d'emporter **de l'eau** « pânî ». En règle générale, on trouve assez facilement des bouteilles d'eau, mais elles ne sont pas toujours fiables. « pîne kâ ThaNDâ pânî » sont les panneaux à repérer, ils annoncent la présence de point d'eau potable fraîche.

Taxi :	Tèksî	टैक्सी
Où puis-je prendre un taxi ?	mujhe Tèksî kahâ˜ milegî ?	मुझे टैक्सी कहाँ मिलेगी?
Je voudrais réserver un taxi pour ce soir.	mè˜ âj shâm ke lie ek Tèksî rîzarv karnâ câhtâ hû˜.	मैं आज शाम के लिए एक टैक्सी रिज़र्व करना चाहता हूँ
Je voudrais aller à Agra	mujhe âgrâ jânâ hè.	मुझे आग्रा जाना है
Je voudrais aller au centre ville.	mujhe shahar me˜ jânâ hè.	मुझे शहर में जाना है
Je voudrais aller à cet hôtel.	mujhe is hoTal me˜ jânâ hè.	मुझे इस होटल में जाना है
Emmenez-moi jusqu'à la gare.	mujhe sTeshan tak leke calie.	मुझे स्टेशन तक लेके चलिए
Tourner…	…muRnâ	मुड़ना
…à droite	dâe˜…	दाएँ
…à gauche	bâe˜…	बाएँ
tout droit	sîdhâ	सीधा
en face	sâmne	सामने
derrière	pîche	पीछे
au milieu	bîc me˜	बीच में
C'est encore loin.	aur thoRâ dûr hè.	और थोड़ा दूर है
C'est proche d'ici.	-yahâ˜se pâs hè. -yahâ˜se nazdîk hè.	यहाँ से पास है यहाँ से नज़दीक है
au coin	moR par	मोड़ पर
à côté	-bâzu me˜ -baGal me˜	बाज़ू में बग़ल में
là-bas	vahâ˜	वहाँ
près de	-ke pâs –ke Karîb	केपास के क़रीब
autour de	ke âspâs	के आसपास
Roulez lentement.	gâRî dhîre calâie.	गाड़ी धीरे चलाइए
Arrêtez-vous ici, s'il vous plaît	kripyâ yahâ˜ rukie.	कृपया यहाँ रुकिए
Avancez encore.	aur âge baRhie.	और आगे बढ़िए

Je vais descendre ici.	mè˜ yahâ˜ utartâ hû˜.	मैं यहाँ उतरता हूँ
Attendez-moi.	merâ i˜tazâr kîjie.	मेरा इंतज़ार कीजिए
rue	path (*ou* râstâ)	पथ/रास्ता
ruelle	galî	गली
avenue	mârg	मार्ग
carrefour	caurastâ (*ou* caurâhâ)	चौरस्ता चौराहा
pont	pul	पूल
feu de circulation	Trefik lâiT	ट्रेफ़िक लाइट
stop	sTâp	स्टाप
accident	-durghaTnâ -hâdsâ	दुर्घटना हादसा
embouteillage	Trèfik jâm	ट्रेफ़िक जाम
Train :	Tren	ट्रेन
Je voudrais un billet pour Bhopal.	mujhe bhopâl jâne ke lie ek TikaT dîjie	मुझे भोपाल जाने के लिए एक टिकट दीजिए
Donnez-moi un billet pour un train direct jusqu'à Bhopal	bhopâl jânevâlî DârekT Tren ke lie ek TikaT dîjie.	भोपाल जानेवाली डायरेक्ट ट्रेन के लिए एक टिकट दीजिए
train rapide	-ekspres -mel gâRî	एक्सप्रेस मेल गाड़ी
aller simple	mujhe ek jâne kâ TikaT câhie	मुझे एक जाने का टिकट चाहिए
aller-retour	mujhe ek âne-jâne kâ TikaT câhie	मुझे एक आने-जाने का टिकट चाहिए
train de jour	dinkî gâRî	दिन की गाड़ी
train de nuit	rât kî gâRî	रात की गाड़ी
wagon-lits	slîpar koc	स्लीपर कोच
couchettes	barth	बर्थ
1ère classe	-pratham shreNî -farst klâs	प्रथमश्रेणी फ़र्स्ट क्लास

2ème classe	-dûsrî shreNî -sekaND klâs	दूसरी श्रेणी सेकंड क्लास
pour aujourd'hui	âj ke lie	आज के लिए
pour demain	kal ke lie	कल के लिए
Combien coûte le billet ?	-TikaT kitnâ hè ? -bhâRâ kitnâ hè ?	टिकट कितना है ? भाड़ा कितना है ?
Y a-t-il un wagon restaurant ?	is gâRî me˜ pe˜Trî kâr hè kyâ ?	इस गाड़ी में पेंट्री कार है क्या?
À quelle heure part le train ?	Tren kitne baje chûTtî hè ?	ट्रेन कितने बजे छूटती है ?
À quelle heure arrive le train ?	Tren kitne baje vahâ˜ pahu˜cegî ?	ट्रेन कितने बजे वहाँ पहुँचेगी ?
Quel quai pour le train de Hissar?	hissâr jânevâlî gâRî kaunse pleTfârm se jâegî ?	हिस्सार जानेवाली गाड़ी कौनसे प्लेटफ़ार्म से जाएगी
Est-ce que ce train est pour Jaïpur ?	ye gâRî jaypûr jâegî kyâ ?	यह गाड़ी जयपूर जाएगी क्या ?
Où puis-je laisser mes bagages ?	mè˜ apnâ sâmân kahâ˜ rakhû˜ ?	मैं अपना सामान कहाँ रखूँ ?
consigne	sâmânghar	सामानघर
contrôleur	TikaT cekar	टिकट चेकर
Bus :	bas	बस
Où est le bus pour Noida?	noyDâ jânevâlî bas kahâ˜ milegî ?	नोयडा जानेवाली बस कहाँ मिलेगी?
arrêt de bus	-bas sTâp –bas aDDâ	बस स्टाप बस अड्डा
terminus	a˜tim sTeshan	अंतिम स्टेशन
Combien dure le voyage?	yâtrâ me˜ kitne ghaNTe lage˜ge ?	यात्रा में कितने घंटे लगेंगे?
Où puis-je acheter le ticket ?	TikaT kahâ˜ milegâ ?	टिकट कहाँ मिलेगा?
Voiture (V.chap 11)	gâRî / kâr	गाड़ी/कार
voiture de location	kirâe kî gâRî	किराए की गाड़ी
Orientation (voir aussi page 64 ; Où ?)	râstâ pûchnâ	रास्ता पूछना
Je suis perdu (m) !	-mè˜ kho gayâ hû˜ !	मैं खो गया हूँ

Je suis perdu (f) !	-mè˜ kho gaî hû˜ !	मैं खो गई हूँ
Pouvez-vous m'aider s'il vous plaît ?	kyâ âp merî madad kar sakte hè˜ ?	क्या आप मेरी मदद कर सकते हैं ?
Où se trouve la « State Bank » ?	sTeT bè˜k kahâ˜ hè ?	स्टेट बैंक कहाँ है?
Je voudrais aller au bureau de poste de Lalbâg	mè˜ lâl bâg posTâfis me˜ jânâ câhtâ hû˜.	मैं लालबाग पोस्ट आफ़िस जाना चाहता हूँ
Ce n'est pas loin.	vo dûr nahî˜ hè.	वो दूर नहीं है
C'est tout droit.	sîdhâ râstâ hè.	सीधा रास्ता है
Première rue à droite.	dâe˜ bâzû kâ pahlâ râstâ.	दाएँ बाज़ू का पहला रास्ता
Deuxième à gauche.	bâe˜ bâzû kâ dûsrâ râstâ.	बाएँ बाज़ू का दूसरा रास्ता
Je vais vous montrer. (m.)	-mè˜ âpko dikhâtâ hû˜.	मैं आपको दिखाता हूँ
(f.)	-mè˜ âpko dikhâtî hû˜	मैं आपको दिखाती हूँ
Les points cardinaux	dishâ	दिशा
nord	uttar	उत्तर
sud	dakshiN	दक्षिण
ouest	pascim	पश्चिम
est	purab	पूरब
nord-est	îshân	ईशान
sud-est	nèrîtya	नैर्ऋत्य
nord-ouest	uttar pascim	उत्तर पश्चिम
sud-ouest	âgneyî	आग्नेयी

Chapitre 4

Banque, poste, téléphone, police et coiffeur

Banque et change

Horaires des banques : entre 10h00 et 14h00 environ (certaines banques sont ouvertes le soir). Il existe aussi des distributeurs automatiques marqués « ATM ».
Thomas Cook, Trade Wings, American Express, sont des exemples de bureaux de change. Ils possèdent également des guichets dans les aéroports et les hôtels 5 étoiles. Les bureaux de change de l'aéroport et de l'hôtel Ashok de New Delhi sont ouverts 24h/24.
Pour les traveller's chèques il faut se munir de son passeport.
Taux de change (fév. 2004) : 1 euro = 49 roupies environ, et
1 roupie est divisée en 100 *pèse*.
Il existe des billets de (1), (2), 5, 10, 20, 50, 100, 200 et 500 roupies et des pièces de 1, 2 et 5 roupies, plus des pièces de 25 et 50 pèse.

Le téléphone

Les « STD, ISD booth » sont des « cabines téléphoniques », marquées en jaune et noir et tenues par un gérant.
- Pour appeler l'étranger, il suffit de composer le « 00 » + le code du pays puis le numéro sans le zéro (par exemple pour Paris on compose le 00-33-1 et les 8 chiffres suivants).
- Pour appeler à l'intérieur de l'Inde, on compose le « 0 » suivi du code de la ville. Par exemple pour Mumbai (Bombay) c'est « 0 + 22 » suivi du numéro. Si vous ne connaissez pas le code d'une ville, la personne qui s'occupe de la cabine vous renseignera.
Il existe aussi des cabines « Tata Telesmart » qui fonctionnent exactement comme les autres sauf qu'on y insère une carte prépayée par le propriétaire de la cabine.
- Pour appeler en Inde de France : 00 + 91 + code ville + n°.
Il existe enfin des « Cyber Cafés » dans les villes où l'on paie à peu près 20 roupies de l'heure pour avoir accès à l'Internet.

La Poste

Les horaires peuvent varier d'une ville à l'autre, mais en règle générale on travaille entre 10h00 et 16h30 du lundi au vendredi et de 10h00 à 12h00 le samedi, avec ou sans la pause d'une heure vers 13 heures.
Pour le courrier à l'intérieur du pays, on peut choisir une petite carte postale, une enveloppe pré-timbrée, sa propre enveloppe ou encore un « â˜tardeshîya » (aérogramme). Il existe un aérogramme spécial pour l'étranger : « havâîpatra ». On peut envoyer des paquets. Les timbres s'achètent aussi dans les hôtels.
Speed Post : Les heures de travail de ce service rapide sont moins larges que dans les autres services (préférer le matin).
Les boîtes aux lettres sont rouges et noires. Dans certains endroits et dans les bureaux de poste il en existe d'autres : boîte verte pour le courrier local et boîte bleue pour le courrier des villes métropolitaines comme Bangalore, Chennai (Madras), Hyderabad, Kolkata (Calcutta), Mumbai (Bombay), New Delhi.

Pour les **Téléx / Télégrammes / Télécopies** :
Service 24h/24 dans les grands hôtels et dans les bureaux de poste des grandes villes.
De nombreuses sociétés de courrier privé « kuriar » proposent leurs services. On peut également trouver les sociétés internationales comme « DHL » ou « FedEx », entre autres.

Décalage horaire par rapport à la Belgique, la France et la Suisse : il faut compter 3h et demie de plus en été et 4h et demie de plus en hiver. Par rapport au Canada il faut compter 10h et demie de plus en été et 11h et demie de plus en hiver.

La police, « Pulis »

Rien d'original à signaler... Les policiers indiens sont en général aimables et serviables avec les étrangers. Vous les reconnaîtrez à leur uniforme « marron-kaki ».
Voir plus bas, Sécurité.

Sécurité

L'Inde n'est pas un pays dangereux mais attention aux vols, toujours possibles surtout dans les transports (trains, bus bondés). Les Indiens vous abordent facilement, en général ils sont honnêtes, prévenants, mais n'acceptez pas de nourriture, de bonbons ou de boissons si vous voyagez seul et que vous ne vous sentez pas en confiance. Enfin, évitez les individus qui proposent des taux de change alléchants, de la drogue, etc., et tout ira bien.
En cas de vol, il faudra faire une déclaration au poste de police le plus proche. En général… cela peut prendre des heures ! Ne vous impatientez pas, avec gentillesse et diplomatie tout finit toujours par s'arranger.

Coiffeur, barbier ou esthéticien

Les salons de coiffure pour hommes « salûn » ainsi que les « byuTî pârlar » (beauty-parlour) pour femmes se trouvent partout. La coiffure, pour hommes ou femmes, est une affaire nettement moins chère et plus accessible en Inde qu'en France. On n'a pas besoin de prendre rendez-vous, il suffit d'entrer et de demander une coupe qui se dit « kaT » comme en anglais, « cut ». Il est toutefois convenable pour les femmes de prendre un rendez-vous si elles veulent d'autres soins qu'une simple coupe de cheveux, de même si elles désirent se rendre dans un salon chic.

Les hommes ont le choix entre un « coiffeur-barbier » qui s'installe sur le trottoir ou sous un arbre, et des salons de toutes envergures. Dans les villages on peut encore trouver des « coiffeurs-barbiers » qui se déplacent dans les familles pour accomplir leur tâche à domicile.
Les salons de coiffure ouvrent très tôt le matin, même vers 7h30 le dimanche ! Ils sont fermés le mardi. La coutume veut que l'on se lave après la visite. Cela fait partie des coutumes de « pureté » souvent liées à l'hygiène, notion qui est traitée dans le chapitre 13, « Rencontres et dialogues en société ».

À la banque	bè˜k me˜	बैंक में
J'aimerais changer des euros en roupies.	mè˜ kuch yuro ko rupyo˜ me˜ bhunânâ câhtâ hû˜.	मैं कुछ युरो को रुपयों में भुनाना चाहता हूँ
Quel est le cours de l'euro aujourd'hui ?	âj yuro kî kyâ reT hè ?	आज युरो की रेट क्या है?
Le cours de l'euro aujourd'hui est : Rs. 49.	âj yuro kî reT hè uncâs rupye.	आज युरो की रेट है उनचास रुपये
Combien d'euros voulez-vous changer ?	âp kitne yuro bhunânâ câhte hè˜ ?	आप कितने युरो भुनाना चाहते हैं ?
Voilà 500 euros.	ye lîjie pâ˜c sau yuro.	यह लीजिए पाँच सौ युरो
-dollars américains	-amrîkî Dâlar	अमरीकी डालर
-dollars canadiens	-kèneDîyan Dâlar	कैनेडीयन डालर
-francs suisses	-svis frè˜k	स्विस फ्रैंक
Y a-t-il une commission ?	kyâ kuch kamishan lagegâ ?	क्या कुछ कमिशन लगेगा?
-vendre des dollars	-Dâlar becnâ	डालर बेचना
-acheter des Roupies	-rupye Kharidnâ	रुपये ख़रीदना
Je veux changer ce chèque de voyage.	mujhe ye Trevlar cek bhunânâ hè.	मुझे यह ट्रेवलर चेक भुनाना है
Au guichet numéro 4, s.v.p.	kripyâ KhiRkî kramâ˜k câr par jâie.	कृपया ख़िड़की क्रमांक चार पर जाइए
Que voulez vous comme argent ?	kaunse noT dû˜ ?	कौनसे नोट दूँ ?
Des billets de 100 et des billets de 500, s.v.p.	kripyâ kuch sau ke aur kuch pâ˜c sau ke noT dîjie.	कृपया कुछ सौ के और कुछ पाँच सौ के नोट दीजिए
Avec un peu de monnaie, s.v.p.	kripyâ kuch cillar bhî dîjie.	कृपया कुछ चिल्लर भी दीजिए
Voulez vous autre chose ?	âp aur kuch câhte hè˜?	आप और कुछ चाहते हैं ?

Retirer de l'argent au guichet.	bè˜k se pèse nikâlnâ.	बैंक से पैसे निकालना
Retirer de l'argent au distributeur.	-kreDiT kârD se pèse nikâlnâ	क्रेडिट कार्ड से पैसे निकालना
-ouvrir un compte	-khâtâ kholnâ	खाता खोलना
-envoyer de l'argent	-pèse bhejnâ	पैसे भेजना
Veuillez attendre quelques instants.	kripyâ ca˜d minaTo˜ ke lie i˜tazâr kîjie.	कृपया चंद मिनटों के लिए इंतज़ार कीजिए
À la poste :	-Dâkghar me˜ -posT âfîs me˜	डाकघर में पोस्टआफ़िस में
À quelle heure ouvre la poste ?	Dâkghar kitne baje khultâ hè ?	डाकघर कितने बजे खुलता है?
Où est le bureau de poste le plus proche ?	yahâ˜ se sabse pâsvâlâ Dâkghar kahâ˜ hè ?	यहाँ से सबसे पासवाला डाकघर कहाँ है?
Je voudrais envoyer cette lettre en France.	mè˜ ye ciTThî frâns bhejnâ câhtâ (*ou* câhtî (f.)) hû˜.	मैं यह चिट्ठी फ्रांस भेजना चाहता (चाहती) हूँ
Combien ça coûte ?	kitne pèse lage˜ge ?	कितने पैसे लगेंगे?
Cinq timbres pour la France.	frâns ke liye pâ˜c TikaTe lage˜ge.	फ्रांस के लिए पाँच टिकटे लगेंगे
Je cherche des timbres.	mujhe kuch TikaT câhie.	मुझे कुछ टिकट चाहिए
-coller un timbre	-TikaT cipkânâ	टिकट चिपकाना
Vous avez une boîte aux lettres là-bas.	vahâ˜ ek posT-bâks hè.	वहाँ एक पोस्ट-बाक्स है
Postez-les dans celle marquée International.	jis par a˜tarrâSTRîya likhâ huâ hè us me˜ Dâl dîjie.	जिस पर अंतर्राष्ट्रीय लिखा हुआ है उस में डाल दीजिए
boîte aux lettres	-Dâk peTî -posT-bâks	डाक पेटी पोस्ट-बाक्स

international	a˜tarrâSTRîya	अंतर्राष्ट्रीय
local	sthânîy	स्थानीय
prioritaire	Speed-Post	स्पीड- पोस्ट
envoyer un colis	pârsal bhejnâ	पार्सल भेजना
carte postale	posT kârD	पोस्ट कार्ड
envoyer une lettre recommandée.	rajisTrî bhejnâ	रजिस्ट्री भेजना
Passeport, s'il vous plaît !	kripyâ âpkâ pârpatr (*ou* pâsporT) dikhâie.	कृपया आपका पारपत्र/पासपोर्ट दिखाइए
Vous avez une lettre de France.	âpke lie frâns se ek ciTThî âî hè.	आप के लिए फ्रांस से एक चिठ्ठी आई है
Télécommunications	dûrsa˜câr	दूरसंचार
Je cherche une cabine téléphonique.	mè˜ ek Teliphon bûth khoj rahâ hû˜.	मैं एक टेलिफ़ोन बूथ खोज रहा हूँ
Je voudrais passer un appel international (ISD).	mè˜ ek âi es D kâl karnâ câhtâ hû˜.	मैं एक आइ.एस.डी काल करना चाहता हूँ
Quel est l'indicatif pour…	koD nambar kyâ hè…	कोड नंबर क्या है :
-la France ?	frâns ke lie ?	फ्रांस के लिए
-la Belgique ?	beljiyam ke lie ?	बेल्जियम के लिए
-la Suisse ?	svitjharlaND ke lie ?	स्विट्झरलंड के लिए
-le Canada ?	kèneDâ ke lie ?	कैनेडा के लिए
composer un numéro	-nambar ghumânâ -Dâyal karnâ	नंबर घुमाना डायल करना
Appel local	lokal kâl	लोकल काल
Je voudrais appeler à ce numéro.	mè˜ is nambar par phon karnâ câhtâ hû˜.	मैं इस नंबर पर फोन करना चाहता हूँ
Téléphone portable	mobâil phon	मोबाईल फोन
Quel est votre numéro de téléphone ?	âpkâ Teliphon nambar kyâ hè ?	आपका टेलिफोन नंबर क्या है ?

J'attendrai votre appel.	mè˜ âpke kâl kâ intazâr kar rahâ thâ.	मैं आपके काल का इंतज़ार कर रहा था
Allô, qui est à l'appareil ?	helo, âp kaun bât kar rahe hè˜ ?	हेलो, आप कौन बात कर रहे हैं ?
Est-ce que je suis bien chez la famille Gupta ?	kyâ ye guptâ kâ ghar hè ?	क्या यह गुप्ता का घर है ?
Je voudrais parler à Ashok.	mè˜ ashokjî se bât karnâ câhtâ hû˜.	मैं अशोकजी से बात करना चाहता हूँ
Ne quittez pas !	lâin par rahie !	लाइन पर रहिए
Il est sorti.	ve ghar par nahî˜ hè˜.	वे घर पर नहीं हैं
Il est occupé.	ve kâm me˜ vyast hè˜.	वे काम में व्यस्त हैं
Il n'est pas là.	ve nahî˜ hè˜.	वे नहीं हैं
Rappelez plus tard.	âp thoRî der bâd phon kîjie.	आप थोड़ी देर बाद फोन कीजिए
Puis-je laisser un message ?	kyâ mè˜ unke lie ek mèsej (*ou* sa˜desh) choR saktâ hû˜ ?	क्या मैं उनके लिए मेसेज (संदेश) छोड़ सकता हूँ ?
C'est de la part de Pierre.	-ye piyer kî or se hè. -mè˜ piyer bât kar rahâ hû˜.	यह पियेर की ओर से है मैं पियेर बात कर रहा हूँ
D'accord, je lui transmets.	Thîk hè, mè˜ âpkâ sa˜desh unhe˜ de dû˜gî.	ठीक है, मैं आपका संदेश उन्हें दे दूँगी
Parlez doucement, je ne comprends pas bien le hindi	thoRâ dhire kahie, mè˜ hindi Thîk se nahî˜ samajhtâ.	थोड़ा धीरे कहिए, मैं हिंदी ठीक से नहीं समझता
Pouvez-vous répéter, s'il vous plaît ?	-meharbâni karke dubârâ kahie (ourdou) -kripyâ dubârâ kahie	मेहरबानी करके दुबारा कहिए कृपया दुबारा कहिए

C’est un faux numéro !	râ˜g nambar !	रांग नंबर
C’est occupé.	ye e˜gej â rahâ hè.	यह एंगेज आ रहा है
À la police :	pulis thâne me˜ :	पुलिस थाने में
commissariat	pulis thânâ	पुलिस थाना
accident de voiture	kâr durghaTnâ	कार दुर्घटना
assurance	inshyore˜s	इंश्योरेंस
déclaration de vol	corî kî ripaT	चोरी की रिपट
J’ai perdu mon passeport.	merâ pâsporT kho gayâ hè.	मेरा पासपोर्ट खो गया है
Appelez la police !	pulis ko bulâie !	पुलिस को बुलाइए
On m’a volé mon sac !	kisîne merâ jholâ chîn liyâ hè !	किसीने मेरा झोला छीन लिया है
Je désire porter plainte.	-mè˜ shikâyat karnâ câhtâ hû˜.	मैं शिकायत करना चाहता हूँ
	-mè˜ ripaT likhânâ câhtâ hû˜.	मैं रिपट लिखाना चाहता हूँ
Nous allons appeler votre ambassade.	ham âpke râjdûtâvâs se sampark kare˜ge.	हम आपके राजदूतावास से संपर्क करेंगे
Remplissez ce formulaire avec :	ye fârm bhar dîjie :	यह फ़ार्म भर दीजिए
-vos nom et prénom.	-âpkâ upnâm aur nâm.	आपका उपनाम और नाम
-votre domicile en France.	-âpkâ frâns kâ patâ.	आपका फ्रांस का पता
-vos date de naissance et nationalité.	-âpkî janmatârîkh aur neshneliTî.	आपकी जन्म तिथि और नेशनेलिटी
Avez-vous une photocopie de votre passeport ?	âpke pâs apne pâsport kî jherâks kâpî hè ?	आपके पास अपने पासपोर्ट की झेराक्स कापी है ?
carte d’identité	pahcân patr	पहचान पत्र
Avez-vous une preuve ?	kyâ âpke pâs koî sabût hè ?	क्या आपके पास कोई सबूत है ?

Où logez-vous ?	-âp kahâ˜ Thahre - âp kahâ˜ utre hè˜ ?	आप कहाँ ठहरे हैं ? आप कहाँ उतरे हैं ?
Prendre quelqu'un en flagrant délit	kisîko ra˜ge hâth pakaRnâ	किसीको रँगे हाथ पकड़ना
Chez le coiffeur :	nâî kî dukân me˜	नाई की दुकान में
Je cherche un salon de coiffure.	mè˜ nâî kî dukân khoj (*ou* Dhû˜Rh) rahâ hû˜	मैं नाई की दुकन खोज (ढूँढ़)रहा हूँ
Une coupe de cheveux, s.v.p. !	mujhe bâl kaTvâne hè˜ !	मुझे बाल कटवाने है
une coupe à la mode	nayâ kaT banâ do	नया कट बना दो
N'utilisez pas de rasoir.	ustrâ mat lagâie.	उस्तरा मत लगाइए
Plus court !	-aur choTe ! -aur kam !	और छोटे और कम
Plus long !	aur lambe !	और लंबे
un peigne	ka˜ghî	कंघी
une paire de ciseaux	kè˜cî	कैंची
Chez le barbier	hajâm (*ou* nâî) ke sâth	हजाम (नाई) के साथ
Pourriez-vous me raser ? (Faites-moi la barbe.)	merî dâRhî banâ do.	मेरी दाढ़ी बना दो
Pourriez-vous tailler ma barbe ? (Réduisez la barbe.)	dâRhî kam karnî hè .	दाढ़ी कम करनी है
Pourriez-vous raser ma moustache ? (Enlevez la moustache.)	mû˜ch sâf kar do.	मूँछ साफ़ कर दो
un rasoir	ustrâ	उस्तरा
de la mousse à raser	dâRhî kâ sâbun	दाढ़ी का साबुन

Salon de beauté	byûTî pârlar	ब्यूटी पार्लर
-pour le visage	-feshial	फ़ेशियल
-épiler les sourcils	-bhave˜ banânâ	भवें बनाना
Épilation…	bâl nikâlnâ…	बाल निकालना
…des jambes	…pèro˜ ke	पैरों के
…le visage	…cehare ke	चेहरे के
…les aisselles	…baGlo˜ ke	बग़लों के

Chapitre 5

Date, heures, mesures et chiffres

En Inde, on suit le calendrier grégorien pour la vie de tous les jours. Les noms des mois viennent de l'anglais mais ont subi quelques variations phonétiques. Il existe d'autres calendriers selon les régions. Celui de l'Inde du Nord est un calendrier luni-solaire « vikram sanvat » qui débute 57 ans avant le calendrier grégorien. Les fêtes religieuses et familiales sont déterminées par celui-ci.

Les douze mois de l'année sont mentionnés avec, entre parenthèses, les mois du calendrier grégorien auxquels ils correspondent.

1.	cètr / cèt	(mars-avril)
2.	vèshâkh / bèshâkh	(avril-mai)
3.	jyeshTha / jeTh	(mai-juin)
4.	âshârh / asârh	(juin-juil.)
5.	shrâvan / sâvan	(juil.-août)
6.	bhâdrapad / bhâdõ	(août-sept.)
7.	âshvin / âsoj	(sept.-oct.)
8.	kârtik / kâtik	(oct.-nov.)
9.	mârgashîrsh / aghan	(nov.-déc.)
10.	paush / pûs	(déc.-janv.)
11.	mâgh	(janv.-fév.)
12.	phâlgun / phâgun	(fév.-mars)

Le mot jour se dit « din » sauf quand il s'agit des jours de la semaine où le mot «vâr» est employé.

Les jours de la semaine «saptâh» indiquent les noms des astres comme en français :

1.	somvâr	« som »	Lune
2.	mangalvâr	« mangal »	Mars
3.	budhvâr	« budh »	Mercure
4.	guruvâr / brihaspativâr	« guru » ou « brihaspatî »	Jupiter
5.	shukravâr	« shukra »	Vénus
6.	shanivâr	« shanî »	Saturne
7.	ravivâr / itvâr	« ravi »	Soleil

La journée est divisée en 24 heures et en quatre grandes parties : « subaha » (le matin), « dopahar » (l'après-midi), « shâm » (le soir) et « rât » (la nuit).
Pour dire « hier » et « demain » on emploie un seul terme « kal » ; de même que pour « avant-hier » et « après-demain » on utilise le même mot « parso˜ ». Le contexte du discours aide à savoir de quel « kal » il s'agit.
En général, les Indiens disent « subaha ke sât baje » (7h00 du matin) et « shâm ke sât baje » (7h00 du soir) sauf quand il s'agit des chemins de fer « bhâratîya rel » et des transports aériens où l'on utilise les 24 heures : 19h00 pour dire 7h00 du soir.
Dans les transports et les services publics, les horaires sont respectés. En revanche, les gens ne sont pas ponctuels. Pourtant, le principe « samay kâ pâlan karnâ » (être ponctuel) fait partie des principes de l'éducation d'un enfant. Cela est peu respecté !

Il n'y a pas de décalage horaire sur le territoire indien bien qu'il soit possible de diviser le pays en plusieurs zones d'est en ouest. La vie commence assez tôt dans les maisons (vers 6h00), mais les commerces ouvrent plutôt vers 10h00. L'heure de se coucher varie beaucoup en fonction du métier et des habitudes de la famille, mais on peut la fixer à 22h00.

Le système vidéo et la télévision

Le système le plus courant en Inde était le PAL, mais à l'heure actuelle, de plus en plus de lecteurs lisent indifféremment les systèmes SECAM et PAL.
Plusieurs chaînes de télévision « dûrdarshan » diffusent leurs programmes dans tout le pays en hindi et en anglais (ex : les informations). Aux heures réservées aux télévisions régionales, la diffusion se fait dans la langue locale, par exemple, en punjabi au Punjab ou en odia (ou oriya) en Orissa.
Il existe de nombreuses chaînes indiennes et étrangères « kebal Tîvî » (cable tv). C'est pratique lorsque l'on possède son propre téléviseur ! Enfin, malgré la vaste gamme des chaînes qui diffusent films et autres programmes, les boutiques qui louent des cassettes vidéos et des DVD à l'heure, fonctionnent très bien.

Les unités de mesures

Mesurer se dit « mâpnâ ».

Il existe des unités de mesures locales et quelques vestiges de celles introduites par les Britanniques mais le système le plus répandu est le même qu'en Europe (hors Royaume-Uni) avec les mètres, kilomètres ; litres ; kilogrammes...

Certains parlent en « mîl » (le mile anglais = 1609,33 m) pour répondre à vos questions sur les distances et on peut encore trouver des « Mile-stones » (bornes) sur les routes, indiquant la distance en « mîl » et en kilomètres.

On a l'habitude de mesurer la taille en « phûT » (*foot* en anglais, pied) et « inc » (*inch'* en anglais, pouce). Un pied fait 30 centimètres environ. Ainsi, on peut avoir quelqu'un ou quelque chose qui mesure « pã̄c phûT sât inc » (cinq pieds et sept pouces).

« lambâî » est la longueur, « cauDâî » la largeur, « uccatâ » la hauteur. Enfin, on compte soit en « pied carré » « varg phûT » soit en « mètre carré » « varg mîTar ».

La température, « tâpmân » est indiquée en « Digrî/ansh selsias», degrés Celsius. D'autre part, « mausam » signifie « saison » et « mausam kî jânkârî » « météo ».

Le courant électrique est de 220 volts (courant alternatif, 50 cycles). Il est conseillé de vérifier le voltage avant toute utilisation. Il faudra aussi faire attention aux prises qui ne sont pas comme en France : « thrî pin plag » (three pin plug, en anglais) ou « Tû pin plag » (two pin plug). Il vaut mieux prévoir des adaptateurs !

Les chiffres cardinaux se forment pour la plupart du temps en ajoutant la particule « -vâ » au chiffre lui-même.

Par exemple, « âTh-vâ » signifie huitième, « pahalâ » premier, « dûsrâ » second, « tîsrâ » troisième, « cauthâ » quatrième, « pâncvâ » cinquième, « chaTâ » sixième, « sâtvâ » septième et ainsi de suite.

Attention : cette particule varie en genre selon les cas, comme les noms et les adjectifs ; « -vî » en est le féminin.

Les chiffres :	a˜k	अंक
zéro	shûny	शून्य
un	ek	एक
deux	do	दो
trois	tîn	तीन
quatre	câr	चार
cinq	pâ˜c	पाँच
six	chah/che	छह/छे
sept	sât	सात
huit	âTh	आठ
neuf	nau	नौ
Dix	das	दस
onze	gyârah	ग्यारह
douze	bârah	बारह
treize	terah	तेरह
quartoze	caudah	चौदह
quinze	pa˜drah	पंद्रह
seize	solah	सोलह
dix-sept	satrah	सत्रह
dix-huit	aThârah	अठारह
dix-neuf	unnîs	उन्नीस
Vingt	bîs	बीस
vingt et un	ikkîs	इक्कीस
vingt-deux	bâîs	बाईस
vingt-trois	teîs	तेईस
vingt-quatre	caubîs	चौबीस
vingt-cinq	paccîs	पच्चीस
vingt-six	chabbîs	छब्बीस
vingt-sept	sattâîs	सत्ताईस
vingt-huit	aTThâîs	अट्ठाईस
vingt-neuf	untîs	उनतीस
Trente	tîs	तीस
trente et un	iktîs	इकतीस
trente-deux	battîs	बत्तीस
trente-trois	tè˜tîs	तैंतीस
trente-quatre	cau˜tîs	चौंतीस

trente-cinq	pè˜tîs	पैंतीस
trente-six	chattîs	छत्तीस
trente-sept	sè˜tîs	सैंतीस
trente-huit	aRtîs	अड़तीस
trente-neuf	untâlîs	उनतालीस
Quarante	câlîs	चालीस
quarante et un	iktâlîs	इकतालीस
quarante-deux	bayâlîs	बयालीस
quarante-trois	tè˜tâlîs	तैंतालीस
quarante-quatre	cavâlîs	चवालीस
quarante-cinq	pè˜tâlîs	पैंतालीस
quarante-six	chayâlîs	छ्यालीस
quarante-sept	sè˜tâlîs	सैंतालीस
quarante-huit	aRtâlîs	अड़तालीस
quarante-neuf	uncâs	उनचास
Cinquante	pacâs	पचास
cinquante et un	ikyâvan	इक्यावन
cinquante-deux	bâvan	बावन
cinquante-trois	tirpan	तिरपन
cinquante-quatre	cauvan	चौवन
cinquante-cinq	pacpan	पचपन
cinquante-six	chappan	छप्पन
cinquante -sept	sattâvan	सत्तावन
cinquante-huit	aTThâvan	अट्ठावन
cinquante-neuf	unsaTh	उनसठ
Soixante	sâTh	साठ
soixante et un	iksaTh	इकसठ
soixante-deux	bâsaTh	बासठ
soixante-trois	tirsaTh	तिरसठ
soixante-quatre	cau˜saTh	चौंसठ
soixante-cinq	pè˜saTh	पैंसठ
soixante-six	chiyâsaTh	छियासठ
soixante-sept	saRsaTh	सड़सठ
soixante-huit	aRsaTh	अड़सठ
soixante-neuf	unhattar	उनहत्तर

Soixante-dix	sattar	सत्तर
soixante et onze	ikhattar	इकहत्तर
soixante-douze	bahattar	बहत्तर
soixante-treize	tihattar	तिहत्तर
soixante-quatorze	cauhattar	चौहत्तर
soixante-quinze	pachattar	पचहत्तर
soixante-seize	chihattar	छिहत्तर
soixante-dix-sept	sathattar	सतहत्तर
soixante-dix-huit	aThhattar	अठहत्तर
soixante-dix-neuf	unâsî	उनासी
Quatre-vingts	assî	अस्सी
quatre-vingt-un	ikyâsî	इक्यासी
quatre-vingt-deux	bayâsî	बयासी
quatre-vingt-trois	tirâsî	तिरासी
quatre-vingt-quatre	caurâsî	चौरासी
quatre-vingt-cinq	pacâsî	पचासी
quatre-vingt-six	chiyâsî	छियासी
quatre-vingt-sept	satâsî	सतासी
quatre-vingt-huit	aThâsî	अठासी
quatre-vingt-neuf	navâsî	नवासी
Quatre-vingt-dix	nabbe	नब्बे
quatre-vingt-onze	ikyânve	इक्यानवे
quatre-vingt-douze	bânve	बानवे
quatre-vingt-treize	tirânve	तिरानवे
quatre-vingt-quatorze	caurânve	चौरानवे
quatre-vingt-quinze	pacânve	पचानवे
quatre-vingt-seize	chiyânve	छियानवे
quatre-vingt-dix-sept	sattânve	सत्तानवे
quatre-vingt-dix-huit	aTThânve	अट्ठानवे
quatre-vingt-dix-neuf	ninnyânve	निन्यानवे

Cent	sau	सौ
deux cents	do sau	दो सौ
cinq cents	pâ˜c sau	पाँच सौ
Mille	hazâr	हज़ार
sept mille	sât hazâr	सात हज़ार
dix mille	das hazâr	दस हज़ार
cent mille	lâkh	लाख
Un million	das lâkh	दस लाख
dix millions	ek karoR	एक करोड़
Un milliard	ek abja	एक अब्ज
Les mesures :	tol-mâp	तोल-माप
un kilomètre	ek kilomîTar	एक किलोमीटर
un mètre	ek miTar	एक मीटर
un centimètre	ek seNTimîTar	एक सेंटीमीटर
un acre ou demi-hectare	ekaR	एकड़
un kilogramme	ek kilo	एक किलो
un demi-kilo	âdhâ kilo	आधा किलो
un quart de kilo	ek pâv	एक पाव
unité de poids (environ 12 g) pour le métal précieux ou quelques épices	tolâ	तोला
un litre	ek liTar	एकलीटर
un demi-litre	âdhâ liTar	आधा लीटर
L'heure :	samay (*ou* vaKt)	समय/ वक़्त
une heure	ek ghaNTâ	एक घंटा
Quelle heure est-il ?	-kitne baje hè˜ ? -kyâ bajâ hè ?	कितने बजे हैं ? क्या बजा है ?
Il est six heures du matin.	subah ke che baje hè˜	सुबह के छे बजे हैं
Il est huit heures moins dix.	âTh bajne me˜ das minaT bâKî hè˜.	आठ बजने में दस मिनट बाक़ी हैं
Il est quatorze heures.	dopahar ke do baje hè˜.	दोपहर के दो बजे हैं

Il est seize heures.	dopahar ke câr baje hè˜.	दोपहर के चार बजे हैं
Il est neuf heures et demie.	sâRhe nau baje hè˜.	साढ़े नौ बजे हैं
Il est quinze heures vingt.	dopahar ke tîn bajkar bîs minaT hue hè˜.	दोपहर के तीन बजकर बीस मिनट हुए हैं
Il est dix heures moins le quart.	paune das baje hè˜.	पौने दस बजे हैं
Il est dix-sept heures quinze	shâm ke savâ pa˜c baje hè˜.	शाम के सवा पाँच बजे हैं
Il est midi.	din ke bârah (*ou* bârâ) baje hè˜.	दिन के बारह (बारा) बजे हैं
Il est minuit.	rât ke bârah (*ou* bârâ) baje hè˜.	रात के बारह (बारा) बजे हैं
Jours :	din	दिन
Quel jour sommes-nous aujourd'hui ?	âj kyâ vâr hè?	आज क्या वार है ?
lundi	somvâr	सोमवार
mardi	ma˜galvâr	मंगलवार
mercredi	budhvâr	बुधवार
jeudi	-gurûvâr -brihaspativâr	गुरुवार बृहस्पतिवार
vendredi	shukravâr	शुक्रवार
samedi	shanivâr	शनिवार
dimanche	-ravivâr (*ou* itvâr)	रविवार/इतवार
Mois :	mahînâ	महीना
Quel mois sommes-nous ?	âjkal kaunsâ mahînâ cal rahâ hè	आजकल कौनसा महीना चल रहा है ?
janvier	janvarî	जनवरी
février	farvarî	फ़रवरी
mars	mârc	मार्च
avril	aprèl	अप्रैल
mai	me	मे
juin	jûn	जून
juillet	julâî	जुलाई

août	agast	अगस्त
septembre	sitambar	सितंबर
octobre	akTubar	अक्तूबर
novembre	navambar	नवंबर
décembre	disambar	दिसंबर
J'ai un rendez-vous aujourd'hui.	âj mujhe kisîse milnâ hè.	आज मुझे किसीसे मिलना है
-ce matin	-âj subah	आज सुबह
-ce midi	-âj din ke bârah baje	आज दिन के बारह बजे
-cet après-midi	-âj dopahar	आज दोपहर
-ce soir	-âj shâm	आज शाम
-demain	-kal	कल
-après demain	-parso˜	परसों
-dans trois jours	-tîn din me˜	तीन दिन में
-hier	-kal	कल
-avant-hier	-parso˜	परसों
-il y a trois jours	-tîn din pahle	तीन दिन पहले
-cette semaine	-is saptâh	इस सप्ताह
	-is hafte	इस हफ़्ते
-la semaine prochaine	-agle saptâh	अगले सप्ताह
	-agle haftâ	अगल हफ़्ते
-la semaine dernière	-pîchle saptâh	पीछले सप्ताह
	-pîchle hafte	पीछले हफ़्ते
-dans un mois	ek mahine me˜	एक महीने में
-dans un an	-ek varSha me˜	एक वर्ष में
	-ek sâl me˜	एकसाल में
-un an plus tard	ek sâl bâd	एक साल बाद

Notes personnelles

Chapitre 6

Où dormir ?

Si vous êtes dans une région très touristique, il existe un grand choix d'hébergement : petits et grands **hôtels**, **guest-houses** ou 5 étoiles. Les chaînes comme Taj Group ou Obéroi sont parmi les plus cotées. Les **hôtels gérés par l'État** (par exemple dans le Rajasthan, RTDC) comprennent d'anciennes demeures princières et des hôtels modernes qui disposent de chambres de styles indien ou occidental. Il vaut mieux réserver car c'est un hébergement d'un bon rapport qualité/prix, souvent complet le week-end et pendant les vacances. Au Rajasthan, quelques familles ouvrent aussi leurs maisons seigneuriales, situées souvent au calme dans un beau paysage, loin des circuits touristiques. Les prix varient en fonction du confort et des repas, petit-déjeuner ou thé. Les bureaux de tourismes locaux vous donneront toutes les informations utiles.

Les tarifs dans les grands hôtels sont inférieurs aux prix en Europe. Pour quelques euros la chambre, des petits hôtels (ou guest-houses) disposent de ventilateur ou cooler, et d'une salle d'eau individuelle avec douche et toilettes. Ils sont parfois confortables et agréables.

Certaines gares de trains possèdent des chambres et des dortoirs, souvent bien entretenus, et peuvent aller jusqu'à offrir un espace de luxe. L'inconvénient est le bruit des trains et de la vie de la gare mais c'est un endroit avantageux lorsqu'on doit voyager tôt le matin. Pour passer simplement quelques heures, essayez de rester dans une salle d'attente où vous pourrez utiliser les salles d'eau à la disposition des voyageurs munis d'un billet de train.

Il existe aussi des « circuit houses » ou des « Dâk bungalow », construits à l'époque des Britanniques afin de pouvoir loger les fonctionnaires en mission. Actuellement, ces maisons, surtout celles se trouvant dans les petites villes, peuvent accueillir des touristes quand elles ne sont pas occupées par des fonctionnaires. Parfois, elles ne sont pas toujours bien entretenues…

Dans certaines villes, il y a aussi des auberges de jeunesse, Young Man's Christian Association pour les hommes, et Young Woman's Christian Association pour les femmes (YMCA et YWCA).

salle de bains avec baignoire	bâthrûm me˜ bâth Tab hè	बाथरुम में बाथ टब है ?
un grand lit	baRâ bèD	बड़ा बैड
deux petits lits	do choTe bèD	दो छोटे बैड
dortoir	DormiTrî	डोरमिटरी
air conditionné	vâtânukûl	वातानुकूल
ventilateur	fèn	फ़ैन
C'est combien pour une nuit ?	ek rât ke lie kyâ reT hè ?	एक रात के लिए क्या रेट है ?
Avez-vous une chambre moins chère ?	is se kam reTvâlâ koî kamrâ nahî˜ hè ?	इस से कम रेट्वाला कोई कमरा नहीं है ?
Le tarif inclut le petit-déjeuner.	is reT me˜ nâshtâ bhî milegâ.	इस रेट में नाश्ता भी मिलेगा
Veuillez remplir cette fiche, s.v.p.	kripyâ ye fârm bhar dîjie.	कृपया यह फ़ार्म भर दीजिए
Puis-je avoir votre passeport ? (montrez le passeport s.v.p)	kripyâ pâsporT dikhâie	कृपया पासपोर्ट दिखाइए
Comment voulez vous payer ?	âp pèse kèse denâ câhte he˜ ?	आप पैसे कैसे देना चाहते हैं ?
-espèces	-kèsh	कैश
-carte de crédit	-kreDiT kârD	क्रेड्टि कार्ड
Puis-je avoir le numéro de votre carte de crédit ?	kripyâ âpke kreDiT kârD kâ nambar dikhâie. (Montrez…)	कृपया आपके क्रेड्टि कार्ड का नंबर दिखाइए
Votre chambre est (la) 204 au deuxième étage.	âpkâ kamrâ nambar do sau câr, dûsre mâle par hè.	आपका कमरा नंबर दो सौ चार, दूसरे माले पर है
Voici, la clé de votre chambre.	ye rahî âpke kamre kî câbî.	यह रही आपके कमरे की चाबी
Il y a un ascenseur là-bas.	vahâ˜ ek lifT hè.	वहाँ एक लिफ़्ट है
On vous emmène à votre chambre.	ye âpko kamre tak le jâege.	यह आपको कमरे तक ले जाएगा

Les boissons sont dans le réfrigérateur.	sab prakâr ke pey frij me˜ rakhe hue hè˜.	सब प्रकार के पेय फ्रिज में रखे हुए हैं
Il y a une couverture dans l'armoire.	kambal (*ou* blènkeT) almârî me˜ hè.	कंबल (ब्लैंकेट) अलमारी में है
Je vous souhaite un agréable séjour.	âshâ kartâ hû˜ ki âpko koî pareshânî nahî˜ hogî	आशा करता हूँ कि आपको कोई परेशानी नहीं होगी
Y a-t-il un service de chambre ?	kyâ rûm sarvis miltî hè ?	क्या रुम सर्विस मिलती है?
Comment puis-je téléphoner à partir de ma chambre ?	apne kamre se phon karne ke lie kyâ karnâ hogâ ?	अपने कमरे से फोन करने के लिए क्या करना होगा ?
Vous devez composer 00 pour l'étranger.	a˜tarâSTrîy kâl ke lie ziro ziro ghumânâ hogâ.	अंतर्राष्ट्रीय काल के लिए ज़िरो ज़िरो घुमाना होगा
Vous pouvez appeler la réception, composer le 5.	pâ˜c ghumâkar âp risepshan se bât kîjie.	पाँच घुमाकर रिसेपशन से बात कीजिए
Pourriez-vous me réveiller à sept heures demain matin ?	kyâ âp mujhe kal subah sât baje jagâ sakte he˜ ?	क्या आप मुझे कल सुबह सात बजे जगा सकते हैं?
Je pars demain.(m)	-mè˜ kal jâu˜gâ.	मैं कल जाऊँगा
(f.)	-mè˜ kal jâu˜gî.	मैं कल जाऊँगी
À quelle heure sont les repas ?	khânâ kitne baje miltâ hè ?	खाना कितने बजे मिलता है?
Pouvez-vous laver mon linge ?	mere kapRe dhone kî kuch vyavasthâ ho saktî hè kyâ ?	मेरे कपड़े धोने की कुछ व्यवस्था हो सकती है क्या?
sèche–cheveux	hear Drâyar	हेअर ड्रायर
brosse à dents	Tûth brash	टूथ ब्रश
dentifrice	Tûth pesT	टूथ पेस्ट

savon	sâbun	साबुन
serviettes	Toval	टोवल
piscine	sviming pûl	स्विमिंग पूल
maillot de bain	sviming sûT	स्विमिंग सूट
sauna	saunâ	सौना
restaurant	resToreNT	रेस्टोरेंट
bar	bâr	बार
discothèque	Diskothek	डिस्कोथेक

Chapitre 7

Gastronomie, nourriture, boissons

La cuisine indienne est très diverse si bien que préparés avec les mêmes ingrédients les plats peuvent avoir des saveurs différentes ! On mange beaucoup de légumes, et plusieurs variétés de lentilles, même si beaucoup d'Indiens consomment aussi de la viande et du poisson. En Inde, tout est bien cuit ! Si vous désirez un morceau de viande saignante, il va falloir le préciser et cela n'est possible que dans les grands hôtels. Ailleurs, les plats sont cuisinés à l'indienne avec des épices. Mais vous pouvez demander des plats sans piment « mirchi mat Dâlie » (« Ne mettez pas de piment ! »), quoi qu'ils soient bons pour la circulation sanguine ! Les épices rendent les plats savoureux et possèdent des propriétés médicinales...
Le mot végétarien implique que l'on ne mange que des légumes. En effet, l'œuf ou le poisson font partie de la nourriture non végétarienne. Les jaïns ne mangent même pas d'oignon ou d'ail. Parmi ceux qui ne mangent pas de viande, certains consomment tout de même des œufs et d'autres du poulet grâce au développement des fermes spécialisées. En revanche, la consommation de porc et de bœuf reste très marginale.

Que choisir au restaurant ?

La variété de repas disponible dans les restaurants en Inde est limitée à certains types de plats. Les plus courants sont :
« chicken ou mutton mughlai », « vegetable jalfreizi » ou encore des plats avec du fromage très frais « panîr » (dont le processus de fabrication n'a rien à voir avec la tradition française).
Les « Tikkâ » et les « kebâb » (grillades) font partie du menu moghol. Les légumes et les plats non-végétariens ainsi préparés sont servis avec une bonne quantité de riz ou différentes sortes de pains. Le « rogan gosht » est un plat à base de mouton. Régalez-vous des parfums du mouton et des épices mélangés !
Un « biryânî », (riz épicé, entre autres, au safran et cuit avec de la viande épicée) est un plat consistant et délicieux. Vous trouverez

des « biryânî » de Delhi, d'Hyderabad, de Cuttack. Ils diffèrent légèrement. Le « Chicken Korma » est un plat bon marché.

La cuisine punjabi, avec son « tandûr » (four en terre), utilise beaucoup de beurre et de crème comme la cuisine moghole. Les « roTî », « parâ˜Thâ », «nân », « kulcha », « rumâlî roTî » (principaux **pains**) sortant d'un « tandûr » ont une saveur unique. Ils sont connus dans toute l'Inde, autant que le « chicken tandûrî ».
Un autre plat typiquement punjabi est le « dâl mâkhanî » : lentilles cassées cuites au beurre. Au Punjab, on utilise beaucoup les lentilles rouges « râjmâ », les pois chiches « chole » et on boit beaucoup de « lassî » (boisson fraîche à base de yaourt).

La cuisine du sud de l'Inde est représentée dans les restaurants par quelques mets comme les « iDlî » ou les « dosâ ». À base de riz et de lentilles fermentés, le premier est cuit à la vapeur et le second se présente sous forme de crêpe. Les deux sont servis avec la « sâmbar » (sauce épicée de lentilles cassées), quelques morceaux de légumes et un ou plusieurs chutneys, et des pâtes à base de noix de coco fraîches, de coriandre, de piments verts, ou encore des lentilles (grillées, moulues) et du tamarin. Ne pas manquer les fritures à base de lentilles appelées « vaDe ».
Tous les plats se dégustent ensemble sur une grande assiette, « thâlî », et dans des petites coupelles en inox, « kaTorî », à l'exception des grands restaurants où l'on mange dans des assiettes en porcelaine... La coutume traditionnelle est de manger avec le bout des doigts de la main droite. Dans les restaurants, les couverts sont à la disposition de ceux qui en demandent.

Le repas type

Un repas normal est constitué de riz ou/et de pain, (« chapâtî » ou « roTî » étant les plus communs) avec des légumes « karî », « dâl » (lentilles). À cela s'ajoutent des« chaTNî (condiments plus épicés que le « karî »), « des « bhartâ » (sorte de caviar le plus souvent de « bè˜gan », aubergine) ou de « râitâ » (mélange de concombre, tomates, oignons hachés dans du yaourt). Certains préfèrent les « pûrî ou pûRî» petites galettes frites. Les plats sucrés comme le « halvâ » ou « khîr » font partie intégrante de la grande assiette du sud où ils apparaissent souvent.

Pour les petites faims (au coin de la rue)

Dans les fritures, vous goûterez les « samosâ » (chausson de légumes) ou les « bhajiâ » (rondelles de certains légumes tels les pommes de terre, oignons, aubergines trempées dans un mélange salé et épicé de farine de pois chiche avant d'être frites).

D'autre part le « châT » est un mélange cuit de pois ou pommes de terre auxquels on ajoute du jus de tamarin, des oignons et autres condiments selon le chef de la charrette et au choix du client ! On trouve d'autres mélanges sur ce chariot où le cuisinier utilise une très grande poêle sur laquelle il prépare le plat choisi.

Les boissons

Le pays est presque divisé en deux en ce qui concerne les boissons chaudes : dans le nord, le thé et dans le sud, le café. On trouve néanmoins les deux partout, mais avec plus ou moins de difficultés. Attention, on a l'habitude de les boire avec du lait et avec du sucre mais vous pouvez commander un « kâlî kâfî » (café noir) ou « kâlî cây » (thé noir) ou encore : « binâ dudh aur binâ shakkar » (sans lait et sans sucre).

Les jus de fruits frais ou en briques se trouvent partout et l'eau de coco fraîche se consomme aussi en brique.

Les boissons fraîches, gazeuses ou non, « Thumps up », « Pepsi », « Coca », « Fanta », « Mirinda » abondent. Mais je vous conseillerais plutôt le « Fresh lime soda » (jus de citron frais avec de l'eau de Seltz), un « nîmbu pânî » (jus de citron avec de l'eau salée et sucrée), ou encore du « jaljîrâ » (eau avec jus de citron, poudre de cumin et sel). C'est très rafraîchissant comme l'est un bon « lassî » bien frais et légèrement salé !

Fruits et confiserie

Certains fruits se vendent dans la rue. On peut choisir entre des pommes « seb », des raisins « a˜gûr », des mangues « âm » en été, ou des bananes « kelâ », goyaves « amrûd », grenades « anâr », poires « nâshpâtî », figues « a˜jîr » et baies « ber ». Cette liste n'est pas exhaustive !

Enfin, les biscuits, gâteaux, bonbons et autres chewing-gums sont extrêmement faciles à trouver un peu partout et à n'importe quelle heure de la journée.

Je cherche un restaurant.	mè˜ ek resToreNT khoj rahâ hû˜.	मैं एक रेस्टोरेंट खोज रहा हूँ
-restaurant typique au bord de la route	Dhâbâ	ढाबा
-salon de thé	cây kî dukân	चाय की दुकान
-bar	bâr	बार
J'ai soif !	mujhe pyâs lagî hè!	मुझे प्यास लगी है
J'ai faim !	mujhe bhûkh lagî hè !	मुझे भूख लगी है
Je voudrais un petit-déjeuner.	mujhe nâshtâ câhie	मुझे नाश्ता चाहिए
Je voudrais du pain.	mujhe breD câhie	मुझे ब्रेड चाहिए
-des toasts	-TosT	टोस्ट
-de la confiture	-jâm	जाम
-du miel	-mahû	महू
	-shahad	शहद
-du beurre	-makkhan	मक्खन
-des galettes frites avec des légumes	-pûrî sabzî	पूरी सब्ज़ी
-du pain avec une omelette	-ek breD-âmlet	एक ब्रेड आमलेट
-du thé au lait	-dûdhvâlî cây	दूधवाली चाय
-du thé au citron	-kâlî cây nîmbû ke sâth	काली चाय नींबू के साथ
-du thé épicé	-masâle kî cây	मसाले की चाय
-du café	-kâlî kâfî	काली काफ़ी
-café au lait	-dûdh ke sâth kâfî	दूध के साथ काफ़ी
-du lait chaud	-garam dûdh	गरम दूध
-du lait froid	-ThaNDâ dûdh	ठंडा दूध
-un chocolat chaud	-hoT cokleT	होट चोकलेट
-œuf	-aNDâ	अंडा
-bacon	-bekan	बेकन
-jambon	-hem	हेम

-jus de fruit	-frûT jûs	फ्रूट ज्यूस
-du sucre	-shakkar	शक्कर
Déjeuner	dopahar kâ Khânâ	दोपहर का ख़ाना
Dîner	rât kâ Khânâ	रात का ख़ाना
Avez-vous une table libre ?	koî Tebal khâlî hè kyâ ?	कोई टेबल खाली है क्या ?
Combien de temps faut-il attendre ?	kitnî der ruknâ hogâ ?	कितनी देर रुकना होगा ?
J'ai réservé une table pour deux.	mè˜ ne do logo˜ ke lie ek Tebal rizarv kiyâ hè	मैं ने दो लोगों के लिए एक टेबल रिज़र्व किया है
-végétarien	shâkâhârî	शाकाहारी
-non végétarien	mâ˜sâhârî	मांसाहारी
-repas traditionnel (grande assiette)	thâlî	थाली
Vous servez jusqu'à quelle heure ?	âpkâ hoTal kitne baje tak Khulâ rahtâ hè ?	आपका होटल कितने बजे तक ख़ुला रहता है ?
Jusqu'à11 heures du soir.	rât gyârah baje tak.	रात ग्यारह बजे तक
Je n'ai pas encore choisi.	hamne˜ abhî tak niscit nahî˜ kiyâ hè.	हमनें अभी तक निश्चित नहीं किया है
Je voudrais commander.	mè˜ ârDar denâ câhtâ hû˜.	मैं आर्डर देना चाहता हूँ
Que nous recommandez-vous ?	âp hame˜ kyâ sujhâv de˜ge ?	आप हमें क्या सुझाव देंगे ?
Quelles sont vos spécialités ?	âpke yahâ˜ kî khâsiyat kyâ hè ?	आपके यहाँ की खासियत क्या है ?
Je voudrais une boisson.	mujhe pîne ke lie kuch dîjie	मुझे पीने के लिए कुछ दीजिए
jus d'orange	âre˜j jûs	आरेंज ज्यूस
limonade	nîmbû pânî	नींबू पानी
thé	cây	चाय
eau plate	sâdhâ pânî	साधा पानी

eau gazeuse	soDâ	सोडा
Hors-d'œuvre		
potage	sûp	सूप
salade	salâd	सलाद
yaourt	dahî	दही
Sucreries	miThâî	मिठाई
glace indienne	kulfî	कुलफ़ी
à base d'abricot sec	Khûbânî kâ mîThâ	ख़ूबानी का मीठा
sucrerie en forme de carreau ou de losange	barfî	बरफ़ी
sucrerie à base de farine de blé	phenî	फेनी
-de forme ronde	-bâlusâhî	बालूसाही
- de forme de losanges	-shakarpârâ	शकरपारा
confit de gourde (courge)	peThâ	पेठा
sucrerie à base de carottes et de lait	gâjar kâ halvâ	गाजर का हलवा
Viande	mâ˜s (*ou* gosht)	मांस/गोश्त
poulet	Murgî (*ou* murg)	मुर्गी/मुर्ग
mouton	maTan	मटन
agneau	memne kâ mâ˜s	मेमने का मांस
chèvre	bakrî kâ mâ˜s	बकरी का मांस
bœuf	gây kâ mâ˜s	गाय का मांस
porc	sûar kâ mâ˜s	सूअर का मांस
Poisson	machlî	मछली
maquereau	bâ˜gDâ	बांगडा
anguille	bâm (*ou* îl)	बाम/ईल
crevettes	jhi˜gâ	झिंगा
crabe	kekRâ	केकड़ा
Légumes	sabzî	सब्ज़ी
pomme de terre	âlû	आलू
patate douce	shakar-ka˜d	शकर कंद
tomate	TamâTar	टमाटर

chou	gobhî	गोभी
chou-fleur	phûl gobhî	फूल गोभी
carottes	gâjar	गाजर
petits pois	maTar	मटर
haricot vert	bîns	बीन्स
vert et rond de taille de tomate	Ti˜Dâ	टिंडा
radis	mûlî	मूली
épinard	pâlak	पालक
feuilles de fenugrec	methî	मेथी
courge amère	karelâ	करेला
variété de concombre	kakRî	ककड़ी
riz	câval	चावल
Fruits	phal	फल
orange / mandarine	sa˜trâ	संतरा
pomme	seb	सेब
ananas	anannâs	अनन्नास
poire	nâshpâtî	नाशपाती
banane	kelâ	केला
pastèque	tarbûz	तरबूज़
citron	nîmbû	नींबू
melon	Kharbûzâ	ख़रबूज़ा
grenade	anâr	अनार
raisin	a˜gûr	अंगूर
sorte de pruneau	âlûbuKhârâ	आलूबुख़ारा
canne à sucre	gannâ	गन्ना
sandwich	sèNDvic	सैंडविच
fromage	cîjh	चीझ
Ustensiles	bartan	बरतन
assiette	thâlî	थाली
couteau	câkû	चाकू
fourchette	kâ˜Tâ	कांटा
cuillère à soupe	BaRâ cammac	बड़ा चम्मच
cuillère à café	choTâ cammac	छोटा चम्मच

verre	gilâs	गिलास
tasse	kap	कप
Épices	masâle	मसाले
sel	namak	नमक
poivre	kâlî mirc	काली मिर्च
safran	kesar	केसर
curcuma	haldî	हल्दी
piment	mirc	मिर्च
piment vert	harî mirc	हरी मिर्च
ail	lahasun	लहसुन
gingembre	adrak	अदरक
gingembre sec	so˜Th	सोंठ
coriandre (graines)	dhaniyâ	धनिया
coriandre (frais)	harâ dhaniyâ	हरा धनिया
graines de pavot	khas-khas	खसखस
cardamome	ilâycî	इलायची
noix de muscade	jâyphal	जायफल
écorce tendre de noix de muscade	jâvitrî	जावित्री
graines de moutarde	sarso˜	सरसों
cumin	zîrâ	ज़ीरा
asafétida *ou* assa-foetida	hî˜g	हींग
laurier	tezpattâ	तेज़पत्ता
cannelle	dâlcînî	दालचीनी
clou de girofle	lau˜g	लौंग
graines de fenugrec	methî	मेथी
anis	sau˜f	सौंफ़
sésame	til	तिल
L'addition, s'il vous plaît !	bil dîjie.	बिल दीजिए
Je voudrais payer par carte de crédit.	mè˜ kreDiT kârD se bil denâ câhtâ hû˜.	मैं क्रेडिट कार्ड से बिल देना चाहता हूँ

Je voudrais payer séparément	mè˜ apne pèse alag se denâ câhtâ hû˜.	मैं अपने पैसे अलग से देना चाहता हूँ
C'était très bon !	khânâ baRhiyâ thâ !	खाना बढ़िया था
Ce n'était pas bon.	khânâ acchâ nahî˜ thâ.	खाना अच्छा नहीं था
Bar :	bâr	बार
bière	bîyar	बीयर
whisky	vhiskî	व्हिस्की
vodka	voDkâ	वोड्का
gin	jin	जिन
rhum	ram	रम
vin	vâin	वाइन
brandy	breNDî	ब्रेंडी

Voir plus haut : boissons (sans alcool)

Notes personnelles

Chapitre 8

Les achats

En arrivant en Inde, le visiteur sera surpris par toutes les couleurs et la diversité des formes de vêtements.

Les vêtements féminins sont, pour la plupart, de couleurs très vives. Un petit survol du Rajasthan au Bihar montre des femmes en « ghagrâ-colî » (très larges jupes avec un haut), en « salvâr kuRtâ* », ou encore en « sâRî » (vous remarquerez les différentes façons de porter le sari d'une région à l'autre).
Une fille indienne a, aujourd'hui, le choix entre un sari, un « *salvâr kuRtâ » (pantalon large vers la taille, plus serré vers la cheville et porté avec une longue chemise), ou un vêtement occidental.
À l'exception des tenues occidentales, une chose est commune aux vêtements féminins : la tradition veut qu'elles se couvrent la poitrine, d'où le pan d'un sari, et des tissus légers d'à peu près 2,5 mètres appellés « dupaTTâ » ou « cunnî » qui se portent avec les « ghagrâ-colî » et « salvâr kuRtâ ».

Dans les villes, les **habits traditionnels masculins** comme le« dhoti » (tissu d'environ 5 mètres que l'on noue autour de la taille et entre les jambes) ou le « KuRtâ pâyjâmâ » (chemise et pantalon large) ont peu à peu cédé la place aux vêtements occidentaux. Ils gardent cependant une vraie place à l'intérieur de la maison et pendant les jours de fête. Les « salvâr kuRtâ » d'hommes font aussi partie de la haute couture indienne. Ailleurs, les gens préfèrent leurs habits traditionnels, comme le « lu˜gî-kuRtâ » au Punjab.

La tradition de faire tailler ses vêtements sur mesure est plus répandue que de les acheter tout confectionnés. Les tailleurs « darzî » ou « Telar » sont compétents et bon marché mais il faut s'y prendre le plus tôt possible car ils ont la réputation de ne pas livrer les vêtements à la date prévu, phénomène très accentué juste avant les fêtes de « dasahrâ » et « dîpâvalî ». À l'heure actuelle, on compte quand même un grand nombre de magasins de vêtements de prêt-à-porter « tayyâr kapaRe » ou « reDi meD » (de l'anglais « Ready made ») aussi bien pour les hommes que pour les femmes. Plusieurs marques étrangères et indiennes cohabitent dans les grandes villes et y ont leur clientèle.

Tout comme pour les vêtements, les **bijoux** portés par les femmes sont très divers. Une femme mariée doit en porter certains : collier, bracelets en verre, boucles d'oreilles, anneaux de pieds. Elles peuvent avoir des bracelets en or mais seuls, ils ne suffisent pas. Parmi les autres symboles on compte le vermillon sur la raie des cheveux et sur le front où il est remplacé par une pastille collante, invention moderne et pratique qui permet un choix de couleur et de formes pour les assortir aux vêtements. La couleur rouge des pastilles ou des bracelets en verre est le symbole du bonheur conjugal « saubhâgya ». La tradition veut qu'une femme abandonne tout ceci dès qu'elle devient veuve.
Les bijoux en or, argent, les perles et pierres précieuses sont fabriqués sur commande par des orfèvres « sunâr » ou se trouvent dans les bijouteries des grandes villes.

Généralement, les gens portent des **chaussures** ouvertes « chappal » qui ne se fixent pas au niveau de la cheville mais par une attache au niveau des orteils. Il existe aussi des chaussures mi-closes, tels les « sanDal » (sandales). Les « jûtî » ou « mojaDî », chaussures en cuir décorées par des broderies, ont également du succès. Pendant la saison des pluies, on utilise des chaussures adaptées en matière imperméable.
Les cordonniers, qu'ils soient dans une boutique, sous un arbre ou dans la rue avec une installation très rudimentaire, travaillent bien et ne sont pas très chers.

Les grands magasins et les supermarchés se trouvent dans les villes, ailleurs c'est le petit commerce partout. Les gens ont l'habitude de faire leurs provisions pour un mois et, pour certains produits, pour l'année. Ils se font alors livrer par un épicier.

Les épiceries « kirâne kî dukân » ou « janaral provhijan sTor » (general provision store) ouvrent vers 8h00 et restent ouvertes jusqu'à 21h00 (en fonction de la taille de l'endroit). On y trouve également les objets élémentaires d'une papeterie. En revanche, les « shorûm », show-rooms de vêtements, d'appareils ménagers et autres, les bijouteries et la plupart des magasins n'ouvrent pas avant 10h30 voire 11h00 mais restent ouverts jusqu'à 21h.

Un commerce qui fonctionne très bien au coin de la rue, est celui du **vendeur de tabac**. Mais il est avant tout un vendeur de « pân », mélange d'épices et de chaux, étalé sur une feuille de bétel qui est ensuite pliée avec une grande dextérité : « pânvâlâ » ou «panvârî ». Ce mélange a la particularité de colorer la bouche en rouge. L'étalage de pots de cuivre est toujours très propre et il y a aussi la place pour quelques bonbons. Le« pân kî dukân » est un lieu très culturel. Les gens mâchent le « pân » et commencent à cracher dans la rue, laissant des traces rouges qui ressemblent à du sang !

Les boutiques de souvenirs attirent une bonne clientèle avec leurs broderies, les miroirs incrustés, les bibelots en marbre, en ivoire, en albâtre, en bois sculpté, en vannerie, et les tissus. Des saris en coton, en soie, brodés ou non, avec des bordures de fil doré, des vêtements, des châles en laine du Kashmire ou du Rajasthan, tout peut faire l'objet de souvenirs de l'Inde. N'oubliez pas les miniatures aux couleurs éclatantes, les articles en cuir, en papier mâché ou encore les bijoux en argent, perles, et pierre précieuses ! On peut même revenir avec un cœur rempli de souvenirs ! Tout ceci (sauf le dernier) se savoure dans les magasins des gouvernements régionaux ou chez les artisans eux-mêmes.
Vous pouvez également acheter les spécialités d'une région sans vous y rendre : il suffit pour cela d'aller dans les emporiums des différents États, à Delhi, la capitale.

Petits conseils : Avant de faire ses achats dans les bazars, il vaut mieux comparer les prix car ils peuvent parfois varier énormément d'une boutique à l'autre. Vous devrez marchander de temps en temps, prenez votre temps… Enfin, soyez prudent, n'achetez pas d'objets interdits à l'exportation, renseignez-vous avant !

À quelle heure ouvrent les boutiques ?	yahâ˜kî dukâne˜ kitne baje khultî hè˜ ?	यहाँ की दुकानें कितने बजे खुलती हैं ?
À quelle heure les boutiques ferment-elles ?	yahâ˜kî dukâne˜ kitne baje ba˜d ho jâtî hè˜ ?	यहाँ की दुकानें कितने बजे बंद हो जाती हैं ?
Où puis je trouver…	… kahâ˜ hè ?	.. कहाँ है ?
… un centre commercial	-kamarshial seNTar…	कमर्शियल सेंटर
… un marché	-bâzâr…	बाज़ार
… une épicerie	-kirâne kî dukân…	किराने की दुकान
… une boutique de souvenirs	-gifT kî (*ou* bheNT vastuo˜ kî) dukân…	गिफ़्ट की (भेंट वस्तुओं की) दुकान
… des vêtements	-kapRekî dukân…	कपड़े की दुकान
… des chaussures	cappal-jûtekî dukân…	चप्पल-जूते की दुकान
… des journaux	-aKhbâr kî dukân…	अख़बार की दुकान
… des cigarettes	-pân-sigareTkî dukân…	पान सिगारेट की दुकान
Bonjour, je voudrais…	namaste, mujhe … câhie.	नमस्ते, मुझे .. चाहिए
Avez-vous … ?	âpke pâs …hè ?	आपके पास ..है ?
Combien ça coûte ?	kyâ kîmat hè ?	क्या कीमत है ?
Papeterie :	steshnarî kî dukân	स्टेशनरी की दुकान
stylos	pen / Kalam	पेन/क़लम
crayon de papier	pensil	पेनसिल
papier à lettres	kâGaz	काग़ज़
enveloppe	lifâfâ	लिफ़ाफ़ा
carte postale	kârD	कार्ड
cahier	khâtâ	खाता

Fleuriste :	phûl kî dukân	फूल की दुकान
J'aimerais acheter des fleurs.	mè˜ kuch phûl Kharîdnâ câhtâ hû˜	मैं कुछ फूल ख़रीदना चाहता हूँ
Je vous propose un bouquet de…	ek … kâ Guldastâ (*ou* gucchâ) lîjie na.	एक .. का गुलदस्ता(गुच्छा) लीजिए न
Est-ce pour offrir ?	kisîko dene ke lie ?	किसी को देने के लिए ?
roses	gulâb	गुलाब
« fleur blanche parfumée »	rajnî-ga˜dhâ	रजनी-गंधा
Horloger :	ghaRî kî dukân	घड़ी की दुकान
réparer une montre	ghaRî Thîk karnâ	घड़ी ठीक करना
remplacer une pile	bèTrî badal denâ	बैटरी
le bracelet	bèlT	बैल्ट
Bijouterie :	-gahno˜ kî dukân -javherî kî dukân	गहनों की दुकान जव्हेरी की दुकान
collier	hâr *ou* nekles	हार/नेकलेस
bague	angûThî	अँगूठी
chaîne	cen	चेन
collier de femme mariée	mangal-sûtr	मंगल-सूत्र
anneaux d'orteils	bichuâ	बिछुआ
bracelet de cheville	pâjeb	पाज़ेब
-à grelots	-pâyal	पायल
anneau de perles et pierres précieuses pour le nez	nath	नथ
-en or	-sone kâ/kî (f.)	सोने का/की
-en argent	-câ˜dî kâ/kî (f.)	चांदी का/की
pierre précieuse	javâhirât *ou* ratna	जवाहिरात / रत्न
boucles d'oreilles	bû˜de	बूँदे
bracelet épais	kaRâ	कड़ा
bracelet	cûRî *ou* ka˜gan	चूड़ी/कंगन

Magasin de photos :	phoTo sTûDio	फोटो स्टूडिओ
Avez-vous des pellicules en noir et blanc ?	âpke pâs blèk en vâiT film-rol hè ?	आपके पास ब्लैक एन वाइट फ़िल्म रोल है ?
pellicules en couleur	kalar film-rol	कलर फ़िल्म रोल
J'aimerais faire développer une pellicule.	mè˜ ek film-rol dhulvânâ câhtâ hû˜.	मैं एक फ़िल्म रोल धुलवाना चाहता हूँ
C'est pour un retirage.	is phoTo kî mujhe ek aur kâpî banvânî hè.	इस फोटो की मुझे एक और कापी बनवानी है
Quand puis-je venir chercher les photos ?	phoTo lene mè˜ kab âu˜ ?	फोटो लेने मैं कब आऊँ ?
Je voudrais me faire photographier pour mon passeport.	pâsporT ke lie merî phoTo khî˜cvânî hè.	पासपोर्ट के लिए मेरी फोटो खींचवानी है
D'accord, prenez place ici.	Thîk hè, yahâ˜ bèThiye.	ठीक है, यहाँ बैठिए
Ne bougez plus !	hiliegâ nahî˜ !	हिलिएगा नहीं
appareil photo	kèmrâ	कैमरा
app. photo jetable	use and throw	use and throw
Magasin de sucreries :	-halvâî kî -miThâî kî dukân	हलवाई की दुकान मिठाई की दुकान
lait réduit en crème épaisse qui sert de base pour un type de sucreries	-khoâ -khâjâ	खोआ खाजा
-losange ou carré	-barfî	बरफ़ी
-à base de « khoâ »	-kalâka˜d	कलाकंद
-boulette sucrée	-laDDû	लड्डू
-spirale frite sucrée	-zalebî	जलेबी

Pourriez-vous les envelopper pour emporter ?	acchî tarh se bâ˜dh dîjiegâ. sâth me˜ le jânâ hè.	अच्छी तरह से बाँध दीजिएगा। साथ में ले जाना है
À la boutique de vêtements :	kapRekî dukân me˜	कपड़े की दुकान में
(métier de) tailleur	darzî	दरज़ी
tailleur (habit)	sûT	सूट
jupe	skarT	स्कर्ट
veste	koT	कोट
maillot de bain	sviming sûT	सूट
Puis-je vous aider ? (m.):	-kyâ mè˜ âpkîmadad kar saktâ hû˜ ?	क्या मैं आपकी क्या मदद कर सकता हूँ ?
(f.) :	–kyâ mè˜ âpkî madad kar saktî hû˜ ?	क्या मैं आपकी मदद कर सकती हूँ ?
J'aimerais d'abord regarder.	mè˜ pahle sirf dekhnâ câhtâ (*ou* câhtî (f.)) hû˜.	मैं पहले सिर्फ़ देखना चाहता (चाहती) हूँ
Puis-je voir cette chemise ? (s .v.p.,montrez-moi cette chemise)	zarâ ye kamîz (*ou* sharT) dikhâie.	ज़रा यह कमीज़(शर्ट) दिखाइए
Puis-je essayer cette jupe ?	kyâ mè˜ ye skarT pahan ke dekh saktî hû˜ ?	क्या मैं यह स्कर्ट पहन के देख सकती हूँ ?
Ce sari vous ira bien.	yah sâRî tum par jaceg.î	यह साड़ी तुम पर जचेगी
Puis-je l'essayer ?	kyâ mè˜ is ko pahan kar dekhû˜ ?	क्या मैं इस को पहन कर देखूँ ?
Quelle est votre taille ?	âpkâ sâiz kyâ hè?	आपका साइज़ क्या है ?
Avez-vous différentes couleurs ?	is me˜ aur dûsre ra˜g hè˜?	इस में और दूसरे रंग हैं ?

Avez-vous des choses plus petites ?	is se choTe sâiz me˜ milegâ kyâ ?	इस से छोटे साइज़ में मिलेगा क्या ?
Je veux raccourcir un peu le bord du pantalon.	is pèNT kî lambâî kam karnî hogî.	इस पैंट की लंबाई कम करनी होगी
Vous pouvez venir les chercher dans deux jours.	âp do din ke bâd â jâie.	आप दो दिन के बाद आ जाइए
Combien coûte ce pantalon ?	-is pèNT kî kîmat kyâ hè ?	इस पैंट की कीमत क्या है ?
	-ye pèNT kitne kî hè ?	यह पैंट कितने की है ?
Je voudrais l'acheter.	mè˜ ye lenâ câhtâ hû˜.	मैं यह लेना चाहता हूँ
C'est trop cher !	ye to bahut maha˜gâ hè	यह तो बहुत महंगा है
Avez-vous des choses moins chères ?	âp ke pâs is se kam kîmatvâlî cije˜ hè˜ ?	आप के पास इस से कम कीमतवाली चीजें हैं ?
Pourriez-vous me le mettre de côté ?	kyâ âp mere lie ye alag kar ke rakh sakte hè˜ ?	क्या आप मेरे लिए यह अलग कर के रख सकते हैं ?
Je peux payer par carte de crédit ?	kyâ mè˜ KreDiT kârD se pèse de saktâ hû˜ ?	क्या मैं क्रेड्टि कार्ड से पैसे दे सकता हूँ ?
La maison n'accepte que les espèces.	hamârî dukân me˜ sirf kèsh me˜ pèse lie jâte hè˜.	हमारी दुकान में सिर्फ़ कैश में पैसे लिए जाते हैं
J'ai besoin d'une facture.	mujhe ek rasîd câhie.	मुझे एक रसीद चाहिए
Couleurs :	ra˜g	रंग
couleur sombre	gahrâ	गहरा
couleur claire	halkâ	हलका
noir	kâlâ	काला

blanc	safed	सफ़ेद
gris	sileTî	सिलेटी
couleur de terre	Khâkî	ख़ाकी
bleu	nîlâ	नीला
rouge	lâl	लाल
rose	gulâbî	गुलाबी
violet	bè˜ganî	बैंगनी
jaune	pîlâ	पीला
orange	nâra˜gî	नारंगी
doré	sunharâ	सुनहरा
vert	harâ	हरा
marron	bhûrâ	भूरा
multicolore	ra˜gbira˜g	रंगबिरंग
transparent	pârdarshî	पारदर्शी
Tissus :	kapRâ	कपड़ा
soie	resham	रेशम
coton	sûtî	सूती
satin	seTin	सेटिन
laine	ûn	ऊन
synthétique	sintheTik	सिनथेटिक
cuir	camRâ	चमड़ा

Notes personnelles

Chapitre 9

La Santé

« ham âshâ karte hè˜ ki âp tandurust rahe˜ aur bilkul sahî salâmat apne ghar lauTe˜».
« Nous espérons que vous resterez en très bonne santé et nous souhaitons que vous rentriez chez vous sain et sauf ».

Ne vous effrayez pas si vous avez besoin d'aller voir un médecin en Inde. Premièrement, les cabinets de médecins « davâk̲hânâ », (« dispensary » en anglais) se trouvent partout. Ce sont d'habitude les « physicians » qui pratiquent la médecine générale et l'on peut s'adresser à eux pour toutes sortes d'ennuis de santé sans prendre rendez-vous, les patients attendent leur tour dans la salle d'attente. Si un médecin décèle un problème qui demande à être soigné par un spécialiste, il vous en indiquera un. En règle générale, ils sont compétents et efficaces. Toutefois, n'hésitez pas à vous en faire recommander un par vos relations.

Les services médicaux sont moins chers en Inde qu'en France mais ils sont à la charge du patient. En cas d'urgence, on peut joindre un médecin chez lui par téléphone ou aller dans un hôpital « aspatâl ».
Les hôpitaux publics sont à éviter dans la plupart des cas (trop de monde et manque d'infrastructure dans certains cas), sauf si vous vous trouvez dans un endroit éloigné où vous n'aurez peut-être pas le choix.
Pour **les soins dentaires,** il est marqué « Dentist » sous le nom du médecin. En Inde, on est assis, et non pas allongé. Les médecins spécialisés comme les ophtalmologues, les gynécologues et autres, sont accessibles avec ou sans rendez-vous.

La pharmacie, « aushadhâlay », (mot employé au départ pour les pharmacies de médicaments ayurvédiques) est indiquée par une croix rouge comme les cabinets médicaux. On peut y acheter des médicaments, « davâ » ou « aushadhî », aussi bien que quelques produits paramédicaux.

En dehors de la médecine occidentale, certains médecins pratiquent **la médecine indienne** d'« âyurvéda » qui utilise des plantes et des minéraux pour traiter les maladies. C'est un traitement complexe fondé sur d'autres principes d'examens et de diagnostics et qui demande une coopération de la part du malade dans la mesure où il doit s'abstenir de manger un certain nombre de choses. Ces médecins sont capables de diagnostiquer un problème en prenant le pouls ou en appuyant sur le ventre avec les doigts. Dans la plupart des cas, c'est le médecin lui-même qui prépare les médicaments sur place pour chaque patient. Sinon, il prescrit ceux préparés par les laboratoires ayurvédiques locaux, appelés « rasashâlâ », ou par les laboratoires de *Dabur*, *Himalaya*, *Sandu*, ou *Zandu*, présents partout. Le laboratoire *Himalaya* confectionne aussi des produits de beauté à base du savoir de l'ayurvéda qui sont également vendus dans les supermarchés à côté des produits de beauté des autres laboratoires indiens et occidentaux les plus connus.

Les médicaments ayurvédiques se trouvent dans les pharmacies des laboratoires, dans les pharmacies spécialisées dans la médecine ayurvédique ou encore dans les autres pharmacies qui vendent en général les médicaments des grands laboratoires ayurvédiques.
Les gens préfèrent cette médecine qui, pourtant, agit lentement, car elle a la particularité de ne pas avoir les effets secondaires négatifs produits par la médecine « chimique » occidentale. Ce facteur est d'autant plus important dans le cas des maladies chroniques qui nécessitent un traitement de longue durée. Certains médecins ont suivi les deux formations et sont en mesure de choisir entre les deux médecines en fonction de la maladie et la santé générale du malade.

La médecine homéopathique n'est pas pratiquée sous la même forme qu'en France. Il existe des cabinets médicaux spécialisés en homéopathie et des pharmacies qui lui sont consacrées. Cependant, certains médicaments standardisés se trouvent dans toutes les pharmacies.

En Inde, les gens choisissent leur médecine en fonction de leur maladie, de la réaction de leur corps à une médecine et... de la disponibilité d'un médecin.

La santé	-ârogya -svâsthy	आरोग्य स्वास्थ्य
vaccination	Tîkâ	टी का
Je suis malade !	mè˜ bîmâr hû˜ !	मैं बीमार हूँ
J'ai besoin d'un médecin.	mujhe DâkTar ke pâs jânâ hè.	मुझे डक्टर के पास जाना है
patient	marîz	मरीज़
hôpital	aspatâl	अस्पताल
infirmière	-nars -paricârikâ	नर्स परिचारिका
service des urgences	-imarja˜sî -âpât sahâytâ vibhâg	इमर्जंसी आपात सहायता विभाग
cabinet médical	davâKhânâ	दवाख़ाना
dispensaire	davâKhânâ	दवाख़ाना
maternité	prasûti grih	प्रसूति गृह
clinique	klinik	क्लिनिक
ambulance	-embûla˜s -rugN vâhikâ	एंब्युलंस रुग्ण वाहिका
Je me sens mal !	merî tabiyat kuch Kharâb hè !	मेरी तबियत कुछ ख़राब है
Je me suis enrhumé.	mujhe zukâm hè.	मुझे जुकाम है
Je tousse.	mujhe khâ˜sî hè.	मुझे खाँसी है
Je me sens fatigué.	mujhe thakân sî lag rahî hè.	मुझे थकान सी लग रही है
Je me sens faible.	mujhe kamzorî mahsûs ho rahî hè.	मुझे कमज़ोरी महसूस हो रही है
J'ai le vertige	mujhe cakkar â rahâ hè.	मुझे चक्कर आ रहा है
Je tremble.	merâ sharîr kâ˜p rahâ hè.	मेरा शरीर काँप रहा है
Je me suis évanoui / évanouie	mè˜ behosh ho gayâ thâ / gaî thî	मैं बेहोश हो गया था / गई थी
J'ai une migraine terrible.	mere sar me˜ dard hè.	मेरे सर में दर्द है

Je suis constipé depuis trois jours.	tîn din se mujhe malâvrodh huâ hè.	तीन दिन से मुझे मलावरोध हुआ है
J'ai des nausées.	mujhe ubkâî (*ou* mitlî) â rahî hè.	मुझे उबकाई (मितली) आ रही है
J'ai mal !	mujhe dard ho rahâ hè !	मुझे दर्द हो रहा है
Je suis blessé.	mujhe coT lag ga hè.	मुझे चोट लग गई है
Je saigne. (mon sang coule)	merâ Khûn bah rahâ hè.	मेरा ख़ून बह रहा है
Ça me brûle.	jal rahâ hè.	जल रहा है
Je dors mal.	mè˜ Thîk tarah se so nahî˜ pâtâ (*ou* pâtî(f.)) hû˜.	मैं ठीक तरह से सो नहीं पाता (पाती) हूँ
Maladies :	-bîmâriyâ˜ -rog	बीमारियाँ/ रोग
J'ai la grippe.	mujhe sardî-zukâm aur buKhâr.hè	मुझे सर्दी-जुकाम और बुख़ार है
diarrhée	atisâr *ou* hèzâ	अतिसार/हैजा
rhume	zukâm	जुकाम
bronchite	khasnî-shoth	खसनी-शोथ
maladie des poumons	phephRon kî bîmârî	फेफड़ों की बीमारी
angine	kaNThî-shûl	कंठी-शूल
asthme	sâns kî bîmârî	साँस की बीमारी
diabète	-shakkar kî bîmârî *ou* : -DâibiTis	शक्कर की बीमारी डायबिटिस
maladie infectieuse	sa˜krâmik rog	संक्रमिक रोग
intoxication alimentaire	khâdya viSâyaN	खाद्य विषायण
indigestion	-apacan huâ hè	अपचन हुआ है
Je me suis brûlé	merâ hâth jal gayâ	मेरा हाथ जल गया
-coupé	-kaT	कट
-cassé la jambe	-pèr TûT gayâ	पैर टूट गया

-foulé le pied	-pèr me˜ moc âî	पैर में मोच आई
Je suis tombé sur..	mè˜ râste par gir gayâ	मैं रास्ते पर गिर गया
J'ai mal…	mere … me˜ dard hè.	मेरे. . . में दर्द है
… à la tête	-sir/sar me˜	सिर /सर में
… aux tempes	-mâthe me˜	माथे में
… à la gorge	-gale me˜	गले में
… aux dents	-dâ˜t me˜	दाँत में
… à l'œil	-â˜kh me˜	आँख में
… aux oreilles	-kân me˜	कान में
… au ventre	-peT me˜	पेट में
… à l'estomac	-peT me˜	पेट में
… au foie	-jigar me˜	जिगर में
… à la poitrine	-châtî me˜	छाती में
… aux muscles	-peshiyo˜ me˜	पेशियों में
… dans le dos	-pîTh me˜	पीठ में
… au bras	-bâho˜ me˜	बाहों में
… à la jambe	-pèr me˜	पैर में
… à l'épaule gauche	-bâe˜ ka˜dhe me˜	बाएँ कंधे में
… aux genoux	-ghuTno˜ me˜	घुटनों में
… aux doigts de pieds	-pèr kî u˜gliyo˜ me˜	पैर की उँगलियों में
J'ai de la fièvre.	mujhe buKhâr hè.	मुझे बुख़ार है
Je suis asthmatique.	mujhe damâ hè ;	मुझे दमा है
Je suis …	mujhe … kî bîmârî hè.	मुझे...की बीमारी है
… cardiaque.	-dil	दिल
… diabétique.	-shakkar	शक्कर
Je suis enceinte.	mè˜ garbhvatî hû˜.	मैं गर्भवती हूँ
Médecin :	DâkTar	डाक्टर
chirurgien	-sarjan	सर्जन
	-shalyacikitsak	शल्यचिकित्सक
cardiologue	dil kâ DâkTar	दिल का डाक्टर

pédiatre	bacco˜ kâ DâkTar	बच्चों का डक्टर
gynécologue	-strirog-tagya -gâinekolojisT	स्त्रीरोग-तज्ञ गायनेकोलोजिस्ट
kinésithérapeute	fiziotherâpisT	फ़िज़िओथेरापिस्ट
dermatologue	skin speshiâlisT	स्किन स्पेशिआलिस्ट
Examen médical :	-vèdyakîy cikitsâ -vèdyakîy jâ˜c -vèdyakîy parîkshâ	वैद्यकीय चिकित्सा वैद्यकीय जाँच वैद्यकीय परीक्षा
analyse de sang	Khûn kî jâ˜c	ख़ून की जाँच
analyse d'urine	peshâb kî jâ˜c	पेशाब की जाँच
Nous allons soigner.	âpkâ ilâj kare˜ge	आपका इलाज करेंगे
Nous allons nettoyer la blessure.	âpkâ zaKhma (*ou* ghâv) sâf kare˜ge.	आपका ज़ख़्म (घाव) साफ़ करेंगे
faire un pansement	marham-paTTî karnâ	मरहम-पट्टी करना
prendre la tension	âpkâ blaD preshar le˜ge	आपका ब्लड प्रेशर लेंगे
Ouvrez la bouche !	mu˜h kholie !	मुँह खोलिए
Votre gorge est toute rouge.	âpkâ galâ to pûrâ lâl ho gayâ hè.	आपका गला तो पूरा लाल हो गया है
Votre température est trop élevée.	âpko bahut tez buKhâr hè.	आपको बहुत तेज़ बुख़ार है
Arrêtez de respirer.	apnî sâ˜s rokie.	अपनी साँस रोकिए
Respirez profondément.	zor se sâ˜s lîjie.	ज़ोर से साँस लीजिए
Toussez fort.	zor se Khâ˜sie.	ज़ोर से ख़ाँसिए
Allongez-vous.	yahâ˜leT jâie.	यहाँ लेट जाइए
Détendez –vous.	apne sharîr ko shithil kîjie.	अपने शरीर को शिथिल कीजिए
Ça va aller !	Thîk hè !	ठीक है
Reposez-vous.	âp ârâm kîjie ;	आप आराम कीजिए

Il faut que vous vous reposiez pendant deux jours.	âp do din ârâm kîjie	आप दो दिन आराम कीजिए
Restez au lit.	bilkul bistar par leT kar ârâm kîjie.	बिलकुल बिस्तर पर लेट कर आराम कीजिए
Revenez me voir dans quelques jours.	do-tîn din bâd mujhe milne â jâie.	दो-तीन दिन बाद मुझे मिलने आ जाइए
Il faut faire une radio.	eksre nikâlnâ hogî.	एक्स रे निकालना होगा
Faites un régime.	patthya kâ pâlan kîjie.	पथ्य का पालन कीजिए
Il faut arrêter de fumer !	dhûmrapân karnâ choRnâ hogâ !	धूम्रपान करना छोड़ना होगा
Dentiste :	DeNTist	डेंटिस्ट
J'ai mal à cette dent d'au-dessus!	mere is ûparvâle dâ˜t me˜ dard hè.	मेरे ऊपरवाले दाँत में दर्द है
dent de sagesse	akildaRh	अकिलदाढ़
devant	âgevâle	आगेवाले
au fond	pîchevâle	पीछेवाले
Je vous fais un plombage.	mè˜ âpkâ dâ˜t bhar detâ hû˜.	मैं आपका दाँत भर देता हूँ
Il faut l'arracher !	ye dâ˜t nikâlnâ paRegâ !	यह दाँत निकालना पड़ेगा
Je vous fais une anesthésie locale.	mè˜ âpko lokal anestheshiâ detâ hû˜.	मैं आपको लोकल अनेस्थेशिआ देता हूँ
Ça fait mal !	dard ho rahâ hè !	दर्द हो रहा है
Ça ne fait pas mal.	dard nahî˜ ho rahâ hè.	दर्द नहीं हो रहा है
Oculiste :	âkho˜ kâ DâkTar	आखों का डाक्टर
Où se trouve un opticien ?	caSmevâle kî dukân kahâ˜ hè ?	चष्मेवाले की दुकान कहाँ है ?
Mes lunettes sont cassées.	merâ caSmâ TuT gayâ hè.	मेरा चष्मा टूट गया है

Je suis myope.	mè˜ nikaTdriSTik hû˜.	मैं निकटदृष्टि क हूँ
presbyte	dûrdriSTidoS	दूरदृष्टि दोष
Avez-vous des lentilles ?	kyâ âp ke pâs koNTect lensis hè˜ ?	क्या आप के पास कोंटेक्ट लेंसिस हैं ?
Avez-vous des produits d'entretien pour les lentilles ?	âp ke pâs koNTect lensis sâf karne ke lie kuch hè ?	आप के पास कोंटेक्ट लेंसिस साफ़ करने के लिए कुछ है ?
Prescrire des médicaments	-davâ likh denâ -priskripshan denâ	दवा लिख देना प्रिस्क्रिपशन देना
Prenez ce médicament trois fois par jours après les repas.	ye davâ din tîn bâr khane ke bâd lenâ.	यह दवा दिन में तीन बार खाने केबाद लेना
piqûres	Injekshan /*ou* suî	इंजेक्शन/सुई
Je suis guéri !	mè˜ Thîk ho gayâ hû˜ !	मैं ठीक हो गया हूँ
À la pharmacie :	davâ kî dukân me˜	दवा की दुकान में
Je voudrais de l'aspirine.	mujhe Disprin dîjie :	मुझे डिस्प्रिन दीजिए
paracétamol	perâsiTemol	पेरासिटेमोल
sirop pour la toux	kaf sirap	कफ़ सिरप
antibiotiques	âNTibâyoTik	आंटिबायोटिक
vitamines	viTâmin	विटामिन
gouttes	bû˜d	बूँद
médicament pour la toux	Khâ˜sî kî davâ	ख़ाँसी की दवा
pansements	paTTî / beNDej	पट्टी/बेंडेज
baume	marham	मरहम
du synthol	DeTol	डेटोल
serviettes hygiéniques	sèniTerî nèpkin	सैनिटरी नैपकिन

Chapitre 10

Visite touristique

Difficile de faire son choix lorsqu'il s'agit de visiter un si vaste pays qui a tant à offrir : sa nature, son histoire et ses arts, ou l'opportunité de faire des affaires, l'éventail est large !...
Je n'ai pas la place ici de citer tous les trésors de l'État du Rajasthan (le plus touristique et l'un des plus riches au niveau architectural), de vous parler des milliers de temples hindous, de vous décrire les montagnes et les vallées verdoyantes de l'état de l'Himachel Pradesh aux confins du Tibet ou de vous guider dans le temple d'Or des sikhs à Srinagar dans l'état du Jammu Cachemire, mais je vous fais confiance, vous trouverez facilement : les bureaux d'information touristiques sont nombreux et compétents et les Indiens seront ravis de vous conseiller et de vous décrire pendant des heures tous les joyaux de leur pays préféré !
Les guides touristiques ou agences spécialisés sur l'Inde regorgeant également d'informations et d'idées de visites, j'ai choisi de vous présenter deux destinations ou choix de voyage qui plaisent en général beaucoup aux Occidentaux : les lieux saints du bouddhisme et les circuits en « trains de luxe ».

Les lieux saints du bouddhisme
Né en Inde comme une réaction à l'hindouisme, le bouddhisme connut son essor notamment sous le règne de l'empereur Ashoka (IIIe siècle av. J.-C.) et se répandit en Asie. À partir du VIIe siècle de notre ère, il s'affaiblit et déclina, la renaissance de l'hindouisme étant une des causes de ce déclin. Ce « renversement » religieux, sans qu'il y ait eu de guerre, est un phénomène qui intriguait beaucoup André Malraux, à tel point qu'il s'en ouvrit au Premier ministre indien de l'époque Pandit Jawaharlal Nehru !
Le Bouddha, né à **Lumbini** (actuellement situé au Népal) atteignit *l'Illumination* près de Gaya dans l'État du Bihar. L'endroit exact doit son nom à ce phénomène et s'appelle **Bodhgaya**. Mais Gaya est également un lieu de pèlerinage hindou avec le temple de

« Vishnupad » qui garde une empreinte de pied du dieu Vishnou. Ainsi, Gaya est un lieu où le bouddhisme et l'hindouisme se rencontrent.
Sarnath, à 10 kilomètres de Varanasi (ou Bénarès), est le lieu où le Bouddha donna son premier prêche. L'empereur Ashoka y fit construire un pilier pour marquer l'endroit exact. Aujourd'hui, il y a un musée qui conserve le grand chapiteau de ce pilier, avec trois têtes de lion, emblème de l'Inde indépendante.
Nalanda : Cette ville à 90 kilomètres au sud de Patna est un lieu universitaire bouddhique. Le Bouddha y a donné plusieurs prêches. L'empereur Ashoka y fit construire un monastère dont on voit les ruines spectaculaires qui ont été fouillées. Il y a aussi un musée archéologique.
Enfin, le Bouddha atteignit son « nirvâN » (*nivarna* en français) vers l'an 480 av. J.-C. à l'âge de 80 ans à **Kushinagar** près de l'actuelle ville de Patna au Bihar.
Tous ces lieux sont facilement accessibles en bus, en taxi, en rickshaws, ou à pied si vous logez à proximité.

Les trains « de luxe »

Il est possible de vivre comme les Maharajas tout en étant en voyage ! Par exemple, la visite du Rajasthan (en passant par Agra, la ville du fameux Taj-Mahal) est proposée dans le circuit de « Palace on wheels » ou « Palais sur roues » : wagon restaurant, bar, bibliothèque, téléviseur, bureau de poste, garderie pour enfants, etc., rien ne manque ! Le parcours commence à Delhi et comprend des visites de monuments, du parc national de Ranthambor, de la réserve ornithologique de Bharatpur…
La visite du Gujarat dans le cadre du train « Royal Orient » est un circuit où l'on peut visiter l'« Ashram de Sabarmati » de Mahatma Gandhi, les temples jaïns en marbre de Palitana construits sur des collines et le parc national de Gir. Il passe aussi par le Rajasthan.

Différentes agences proposent des visites assez similaires, on peut même réserver dès l'Europe.
À titre d'exemple, « Les comptoirs du Monde »,
6 rue de Sévigné, 75004 Paris, téléphone : 01-44-54-84-54.
Ou bien sûr, Internet, mine de renseignements, surtout sur les sites en langue anglaise.

Où est le bureau d'informations touristiques ?	Tûris T âfis kahâ˜ hè ?	टूरिस्ट आफ़िस कहाँ है?
Que puis-je voir à Mussoorie ?	masûrî me˜ mè˜ kyâ dekh sakatâ hû˜ ?	मसूरी में मैं क्या देख सकता हूँ ?
Je veux faire un tour guidé de la ville.	mè˜ is shahar kâ gâiDeD Tûr karnâ câhtâ hû˜.	मैं इस शहर का गाइडेड टूर करना चाहता हूँ
-en bus	-bas me˜	बस में
-en mini bus	-minî bas me˜	मिनी बस में
-tour privé	-prâyveT Tûr	प्रायवेट टूर
Quelle est la durée de la visite ?	kitnâ samay lagegâ ?	कितना समय लगेगा ?
Combien coûte une visite guidée de Mussoorie ?	masûrî ke gâiDeD Tûr ke lie kitne pèse lagte hè˜ ?	मसूरी के गाइडेड टूर के लिए कितने पैसे लगते है?
J'ai besoin d'un guide parlant français.	mujhe frânsisî bhâSâme˜ bât karnevâlâ gâiD câhie.	मुझे फ्रांसीसी भाषा में बात करनेवाला गाइड चाहिए
Faites-vous des excursions hors de la ville ?	kyâ âp shahar ke bâhar kî sèr karne le jâte hè˜ ?	क्या आप शहर के बाहर की सैर करने ले जाते हैं?
Où allons-nous manger ?	ham khânâ kahâ˜ khâe˜ge ?	हम खाना कहाँ खाएंगे ?
Est-ce inclus dans le prix ?	kyâ vo isî pèse me˜ ho jâegâ ?	क्या वह इसी पैसे में हो जाएगा ?
J'aimerais visiter…	mè˜ … dekhnâ câhtâ hû˜	मैं ...देखना चाहता हूँ
… Raj Ghat	-râj ghâT	राज घाट
… le palais des glaces	-shîsh mahal	शीश महल
… le temple d'or	-svarN ma˜dir	स्वर्ण मंदिर
… le fort	-Kilâ	क़िला
… la tour	-stambh/ *ou* minâr	स्तंभ/मिनार

Comment puis je aller au marché aux fleurs ?	phûl kâ bâzâr dekhne kèse jânâ hogâ ?	फूल का बाज़ार देखने कैसे जाना होगा ?
En quelle année ce temple fut-il construit ?	-ye ma˜dir kab banâ hè ? -ye ma˜dir kaunsî sadî me˜ gaRhâ hè ?	यह मंदिर कब बना है ? यह मंदिर कौनसी सदी में गढ़ा है?
C'est le temple en bois le plus ancien du monde.	ye duniyâ kâ sab se purânâ lakRî kâ ma˜dir hè.	यह दुनिया क सब से पुराना लकड़ी का मंदिर है
Quel est le style de ce bâtiment ?	ye kaunsî shèlî me˜ gaRhâ hè ?	यह कौनसी शैली में गढ़ा है ?
Comment s'appelle cette église ?	is carc kâ nâm kyâ hè ?	इस चर्च का नाम क्या है ?
De quelle religion est ce monument ?	ye vâstu kaunse dharmiyo˜ kî hè ?	यह वास्तु कौनसे धर्मियों की है ?
De quelle époque date ce palais ?	ye mahal kaunsî sadî me˜ banâyâ gayâ thâ ?	यह महल कौनसी सदी में बनाया गया था?
Il a été construit au XVIème siècle.	ye mahal solahvî sadî me˜ banâyâ gayâ thâ.	यह महल सोलहवी सदी में बनाया गया था
Peut-on entrer dans le château ?	is Kile me˜ ham jâ sakte hè˜ kyâ ?	इस क़िले में हम जा सकते हैं क्या ?
ruines	khaNDhar,	खंड्हर
tombe	Kabr / maKbarâ	क़ब्र/मक़बरा
coupole	gumbaz	गुंबज़
pilier	stambh	स्तंभ
statue	mûrti	मूर्ति
pierre	patthar	पत्थर
Au musée :	sa˜grahâlay me˜	संग्रहालय में
À quelle heure le musée ouvre-t-il ?	ye sa˜grahâlay kitne baje khultâ hè ?	यह संग्रहालय कितने बजे खुलता है ?

Où puis j'acheter un ticket d'entrée ?	iskâ TikaT kahâ˜ milegâ ?	टिकट कहाँ मिलेगा?
Combien coûte un ticket d'entrée ?	TikaT kitne kâ hè ?	टिकट कितने का है?
C'est 25 roupies.	paccîs rupyâ hè	पच्चीस रुपया है
Deux adultes, s'il vous plaît !	do TikTe dîjie !	दो टिकटे दीजिए
Il y a une réduction pour les étudiants ?	châtro˜ ke lie kuch chûT milegî kyâ ?	छात्रों के लिए कुछ छूट मिलेगी क्या ?
Puis-je prendre des photos ?	mè˜ phoTo khî˜c saktâ hû˜ kyâ ?	मैं फ़ोटो खींच सकता हूँ क्या ?
Puis-je filmer ? (puis-je prendre un film ?)	film le saktâ hû˜ ?	फ़िल्म ले सकता हूँ ?
Avez-vous de la documentation ?	jânkârî denevâlî kuch patrikâ hè ?	जानकारी देनेवाली कुछ पत्रिका है ?
Avez-vous un plan ?	âp ke pâs koî naKshâ hè?	आप के पास कोई नक़्शा है ?
Ne pas toucher les objets, s'il vous plaît !	kisî bhî ciz ko chûnâ manâ hè !	किसी भी चीज़ को छूना मना है !
Veuillez enlever vos chaussures.	kripyâ apne jûte utârie.	कृपया अपने जूते उतारिए
Bateau :	jahâz	जहाज़
petit bateau	nâv / naukâ	नाव/नौका
embarcadère	ghâT	घाट
lac	tâlâb	तालाब
fleuve	nadî	नदी
canotage	naukâvihâr	नौकाविहार
Parcs :	uddyân	उद्यान
parc de serpents	sarpoddyân	सर्पोद्यान
-venimeux	-viSèlâ/ *ou* zahrîlâ	विषैला/ज़हरीला
cobra	nâg	नाग
capuchon du cobra	phaN	फण
Jardins :	bagîcâ	बगीचा
jardinier	mâlî	माली

arbre	vriksh/ peR	वृक्ष/पेड़
fleur	phûl	फूल
feuille	pattâ	पत्ता
bourgeon	kalî	कली
fruit	phal	फल
plante grimpante *ou* rampante	latâ	लता
herbe	ghâ˜s	घाँस
Il est interdit de grimper sur les arbres !	peR par caRhnâ manâ hè !	पेड़ पर चढ़ना मना है !

Chapitre 11

Voiture, moto, bicyclette

Il est possible de louer une **voiture avec chauffeur** dans les grandes villes et souvent dans les hôtels. Les tarifs dépendent du type de voiture (confort, climatisation, espace, diesel ou essence) et de la distance. N'hésitez pas à essayer les voitures indiennes (ex : Ambassador). Dans les lieux touristiques, il existe des véhicules (climatisées ou non) approuvées par le Département du Tourisme du Gouvernement de l'Inde. Les prix sont un peu plus élevés, mais on bénéficie d'un chauffeur agréé.

Si vous pensez **prendre le volant en Inde,** (!) il est recommandé de posséder le permis de conduire international. Les autorités locales vous délivreront un permis de conduire provisoire sur présentation de vos passeports et permis. Il est possible également de louer des motos dans certaines villes. Un casque est exigé pour le conducteur et pour le passager. Les bureaux de tourisme locaux vous donneront tous les renseignements nécessaires.
En Inde, on conduit à gauche. En général, on se repère aux panneaux de signalisation et de kilométrage présents dans la plupart des cas. La signalisation (feux rouges) dans les grandes villes est automatique et en son absence des policiers gèrent la circulation. Ce système est plus ou moins strict selon les endroits… Au début, le voyageur occidental est un peu surpris : tant de voitures, de motos, de scooters, de charrettes, de camions, de vélos, de rickshaws… mais tout cela n'avance pas très vite ! Les routes ne sont pas des voies réservées uniquement aux voitures et cela ralentit forcément la vitesse. De plus elles sont plus ou moins bien entretenues selon les régions. Évitez donc de prendre la route si vous êtes très pressé, surtout pendant la mousson. Les voies sont abîmées après les grosses pluies et ne sont pas réparées dans les heures qui suivent. En revanche si vous avez du temps… profitez-en ! Il est très facile de louer des vélos, à l'heure ou à la journée, dans les villes ou les villages.

Je souhaiterais louer…	mè˜ ek … kirâe par lenâ câhtâ hû˜	मैं एक … किराए पर लेना चाहता हूँ
… une camionnette	-meTâDor	मेटाडोर
… une moto	-moTarsâikil	मोटरसाइकिल
… un vélo	-sâikil	साइकिल
… une voiture	-gâRî	गाड़ी
Quel est le coût total avec assurance ?	inshyore˜s ke sâth kul kitne pèse lage˜ge ?	इंश्योरेंस के साथ कुल कितने पैसे लगेंगे ?
Permis de conduire	-gâRî calâne kâ parvânâ -Drâyving lâyse˜s	गाड़ी चलाने का परवाना ड्रायविंग लायसेंस
conduire	calânâ	चलाना
carte routière	naKshâ	नक़्शा
ruelle	galî	गली
rue	saRak	सड़क
route	râstâ	रास्ता
autoroute	hâî ve (high way)	हाई वे
feu vert	harî battî	हरी बत्ती
feu rouge	lâl battî	लाल बत्ती
stationnement interdit	yahâ˜ gâRî lagânâ manâ hè	यहाँ गाड़ी लगाना मना है
parking	vâhan tal	वाहन तल
Où sommes nous ?	ham kahâ˜ hè˜ ?	हम कहाँ हैं ?
Je suis perdu !	-mè˜ Kho gayâ hû˜	मैं ख़ो गया हूँ
Je suis perdue !	-mè˜ Kho gaî hû˜	मैं ख़ो गई हूँ
Combien de kilomètres y a-t-il jusqu'à Kulu ?	yahâ˜se kulu tak kitne kilomiTar kâ râstâ hè ?	यहाँ से कुलु तक कितने किलोमिटर का रास्ता है ?
Est-ce la direction pour Kulu?	kyâ ye kulu jâne kâ râstâ hè ?	क्या यह कुलु जाने का रास्ता है ?
Où puis-je garer ma voiture ?	mè˜ apnî gâRî kahâ˜ lagâû˜ ?	मैं अपनी गाड़ी कहाँ लगाऊँ ?
Est-ce que je peux me garer ici ?	kyâ mè˜ gâRî yahâ˜ lagâ saktâ hû˜ ?	क्या मैं गाड़ी यहाँ लगा सकता हूँ ?

Vous ne pouvez pas passer par là.	âp vahâ˜ nahî˜ ja sakte.	आप वहाँ नहीं जा सकते
Où se trouve la prochaine station service ?	aglâ peTrol pamp kahâ˜ hè ?	अगला पेट्रोल पंप कहाँ है ?
Après le pont.	us pul ke âge.	उस पूल के आगे
« Pour remplir le réservoir plein combien d'argent ? »	gâRî kî Ta˜ki pûrî bharne ke lie kitne pèse lagte hè˜ ?	गाड़ी की टाँकी पूरी भरने के लिए कितने पैसे लगते हैं ?
Je voudrais de l'essence sans plomb.	mujhe binâ shishe kâ peTrol câhie	मुझे बिना शीशे का पेट्रोल चाहिए
Faites-moi le plein de super, s'il vous plaît !	supar se Ta˜kî pûrî bhar dîjie.	सूपर से टाँकी पूरी भर दीजिए
diesel	Dîzal	डीज़ल
huile	tel	तेल
panne d'essence	peTrol Khatma ho gayâ	पेट्रोल ख़त्म हो गया
tomber en panne	-gâRî band ho gaî -gâRî bigaR gaî	गाड़ी बंद हो गई गाड़ी बिगड़ गई
Y a-t-il un garagiste à proximité ?	yahâ˜ pâs me˜ koi mekenik hè ?	यहाँ पास में कोई मेकेनिक है ?
moteur	moTar (*ou* : i˜jan)	मोटर /इंजन
batterie	beTrî	बेट्री
klaxon	hârn	हार्न
Il me faut réparer…	mujhe … Thîk karvânâ hè	मुझे... ठीक करवाना है
… les freins.	-brek	ब्रेक
… les feux avant.	-âge kî lâîT	आगे की लाईट
… les feux arrière.	-pîche kî lâîT	पीछे की लाईट
J'ai une fuite !	peTrol rîs rahâ hè !	पेट्रोल रीस रहा है
changer l'huile	tel badalnâ hè	तेल बदलना है
pièces détachées	speyar pârT	स्पेयर पार्ट

J'ai crevé un pneu.	-pahiye me˜ se havâ nikal gayî hè -Tâyar pa˜kcar huâ hè	पहिये में से हवा निकल गई है टायर पंक्चर हुआ है
pression des pneus	Tâyar kî havâ kâ dâb	टायर की हवा का दाब
gonfler les pneus	pahiye me˜ havâ bharnâ	पहिये में हवा भरना
Nettoyer le pare-brise	gaRî kâ shîshâ sâf karna	गाड़ी का शीशा साफ़ करना
laver la voiture	gâRî dhonâ	गाड़ी धोना
Infraction	niyam toRnâ	नियम तोड़ना
Vos papiers, s'il vous plaît !	âpke kâGzât dekhâie !	आपके काग़ज़ात दिखाइए
ralentir	dhîmî karnâ	धीमी करना
accélérer	baRhânâ	बढ़ाना
amende	zurmânâ	जुरमाना
Il y a, devant, un accident de circulation.	âge ek hâdsâ (*ou* : eksiDeNT) huâ hè.	आगे एक हादसा (एक्सिडेंट) हुआ है
conduire en état d'ivresse	-dâru pîkar gâRî calânâ	दारु पीकर गाड़ी चलाना
	-madyapân kar ke gâRî calânâ	मद्यपान कर के गाड़ी चलाना
Moto	moTarsâikil	मोटरसाइकिल
casque	helmeT	हेलमेट
antivol	cen aur tâlâ	चेन और ताला
Bicyclette	sâikil	साइकिल
Allons nous promener en vélo.	calo sâikil leke ghûmte hè˜.	चलो साइकिल ले के घूमते हैं
Faut-il porter un casque de vélo ?	sâikil calâte samay helmeT pahannâ âvashyak hè kyâ ?	साइकिल चलाते समय हेलमेट पहनना आवश्यक है क्या ?
chaîne de vélo	cen	चेन
porte-bagages	kèriyar	कैरियर
roue	pahiyâ/Tâyar	पहिया/टायर

guidon	hèNDal	हैंड्ल
sonnette	ghaNTî	घंटी
freins	brek	ब्रेक
lumières (phares)	lâîT	लाईट
Crevaison	pa˜kcar	पंक्चर
pompe à vélo	havâ bharne kâ pamp	हवा भरने का पंप
gonfler les pneus	-pahiye me˜ havâ bharnâ -Tâyar me˜ havâ bharnâ	पहिये में हवा भरना टायर में हवा भरना
Course de vélo	sâikil res	साइकिल रेस
vélodrome	veloDrom	वेलाड्रोम

Notes personnelles

Chapitre 12

Nature et météo

L'Inde est un vaste pays qui offre une très large gamme de paysages entre les massifs de l'Himalaya et la partie péninsulaire, ou entre le désert et les plaines fertiles de l'Est. La richesse de la nature se manifeste à travers les montagnes, les vallées, les lacs, les rivières, les mers et toutes les espèces de plantes, d'arbres, d'animaux, ou ethnies humaines.

Le climat

On reconnaît grossièrement trois saisons principales en Inde, même si dans certaines régions on sent, de manière évidente, l'existence de mi-saisons.

L'hiver :

Entre novembre et mars, le temps est très agréable dans toute l'Inde mais la température varie d'une région à une autre : il neige, par exemple, dans les montagnes où il fait logiquement plus froid.

L'été :

Malgré la variation de température, on peut dire qu'il fait très chaud dans tout le pays entre avril et juin ! Le baromètre peut atteindre 42°C au mois de mai, voire plus... Les logements sont bâtis en tenant compte des saisons, selon la région. Attention, il peut faire une chaleur suffocante pendant la période précédant l'arrivée de la mousson, entre fin mai et début juin.

La mousson :

La majorité des régions, à l'exception du sud-est, reçoit la pluie conduite par les vents du sud-ouest. Ceux-ci apportent les premières pluies sur la côte sud-ouest et au Kerala, puis elles montent vers le nord du pays.

La terre se réjouit de ces eaux tant espérées ! Peu après, elle se revêt de nouvelles couleurs. Dès les premières gouttes d'eau, les animaux et les êtres humains se mettent dehors sous la pluie pour se rafraîchir, c'est une véritable fête, un vrai soulagement…

Combien y a-t-il de saisons en Inde ?	-uttar bhârat me˜ kitne mausam hote hè˜ ?	उत्तर भारत में कितने मौसम होते हैं ?
	-uttar bhârat me˜ kitnî ritue˜ hè˜ ?	उत्तर भारत में कितनी ऋतुएँ हैं ?
Il y a trois saisons :	tîn ritue˜ hè˜ :	तीन ऋतुएँ हैं
-hiver	-jâRâ / sardiyâ˜	जाड़ा/सर्दियाँ
-été	-garmî / garmiyâ˜	गर्मी/ गरमियाँ
-mousson	-mânsûn	मानसून
	-bârish kâ mausam	बारिश का मौसम
(automne)	patjhaR	पतझड़
(printemps)	basant (*ou* : bahâr)	बसंत / बहार
C'est la saison des pluies.	bârish kâ mausam cal rahâ hè.	बारिश का मौसम चल रहा है
-saison sèche	-sûkhe kâ mausam	सूखे का मौसम
C'est la saison chaude.	garmi kâ mausam cal rahâ hè.	गर्मी का मौसम चल रहा है
-saison froide	-jâRe kâ mausam cal rahâ hè	जाड़े का मौसम चल रहा है
climat	-jalvâyu	जलवायु
	-âbohavâ	आबोहवा
ciel	âkâsh	आकाश
soleil	sûraj	सूरज
lune	ca˜dâ / câ˜d	चंदा/चांद
pleine lune	pûrNimâ (*ou* : pûno)	पूर्णिमा / पूनो
étoiles	târe˜	तारें
Météo :	mausam	मौसम
Quel temps fait-il ?	mausam kèsâ hè ?	मौसम कैसा है ?
Il fait beau.	mausam baRhiyâ hè.	मौसम बढ़िया है
Il fait chaud.	garmi hè.	गर्मी है
-doux	halkâ / mridu	हल्का/मृदु
Il fait trop chaud.	zyâdâ garmi ho rahî hè.	ज़्यादा गर्मी हो रही है

Il fait froid.	ThaND paRî hè.	ठंड पड़ी है
Il fait nuageux.	bâdal châe hè˜.	बादल छाए हैं
Il fait humide.	havâ mè˜ namî hè.	हवा में नमी है
Il pleut.	bârish ho rahî hè	बारिश हो रही है
Il pleuviote.	phuhâr paR rahî hè	फुहार पड़ रहीहै
un léger crachin	halkî bu˜dâbu˜dî	हल्की बूँदाबूँदी
rafale de pluie	bauchâr	बौछार
pleuvoir à torrents	bauchâr paRnâ	बौछार पड़ना
devenir brumeux	dhu˜dhlâ châ jânâ	धुंधला छा जाना
Il faut emporter des parapluies.	châtâ lekar calo.	छाता लेकर चलो
-imperméables	renkoT	रेनकोट
Il gèle.	pânî baraf ho gayâ hè.	पानी बरफ़ हो गया है
Il y a du brouillard.	kuhrâ hè.	कुहरा है
Il y a du vent.	havâ cal rahî hè.	हवा चल रही है
Il y a un orage.	gaRgaRâhat ho rahî hè.	गड़गड़ाहट हो रही है
Il y a une tempête.	tûfân cal rahâ hè.	तूफ़ान चल रहा है
cyclone	-cakrâvât	चक्रावात
	-bavaNDar	भवंडर
Il neige.	baraf paR rahî hè.	बरफ़ पड़ रही है
La Nature :	nisarg (*ou* : prakriti)	निसर्ग/ प्रकृति
la campagne	dehât	देहात
parc national	râSTrîya uddyân	राष्ट्रीय उद्यान
espèces protégées	sa˜rakshit jâti	संरक्षित जाति
pont	pul	पूल
sentier	pagDaNDî	पगडंडी
eau potable	pîne kâ pânî	पीने का पानी
source	jharnâ	झरना
La chasse est interdite.	shikâr karnâ manâ hè.	शिकार करना मना है
La pêche est permise.	yahâ˜ machlîpakaR sakte hè˜	यहाँ मछ्ली पकड़ सकते हैं

Relief :	-bhû-âkritî	भू-आकृती
	-zamîn kâ naKshâ	ज़मीन का नक़्शा
-vallonné	-ghâTîvâlâ pradesh	घाटीवाला-प्रदेश
-montagneux	-pahâRî	पहाड़ी
-plat	-sapâT	सपाट
montagne	pahâR / parvat	पहाड़/पर्वत
mont	parvat	पर्वत
colline	pahâRi	पहाड़ी
cascade	jal prapât	जल-प्रपात
caverne / grotte	guphâ	गुफा
plaine	mèdân	मैदान
plateau	paThâr	पठार
alpinisme	parvatârohaN	पवर्तारोहण
escalade	caRhnâ	चढ़ना
La côte :	taT / samudr-taT	समुद्र-तट
mer	samudr / sâgar	समुद्र/सागर
plage	-samudr taT	समुद्र-तट
	-samudr-kinârâ	समुद्र-किनारा
sable	bâlû	बालू
vagues	lahre˜	लहरें
rochers	caTTân	चट्टान
Nager	tèrnâ	तैरना
se baigner	nahânâ	नहाना
surf	samudrî phen	समुद्री फेन
voilier	pâl-jahâz	पाल-जहाज़
bateau à moteur	moTarlâ˜c	मोटरलांच
port	bandargâh	बंदरगाह
baie	khâRî	खाड़ी
île	dvîp	व्दीप
Plantes :	paudhe	पौधे
œillet d'Inde	ge˜dâ	गेंदा
lotus	kamal	कमल
rose	gulâb	गुलाब
basilic	tulsî	तुलसी
jasmin	Camelî	चमेली

Arbres :	peR / vriksh	पेड़/वृक्ष
manguier	âm	आम
margousier	nîm	नीम
tamarin	imlî	इमली
arbre de pîpal	pîpal	पीपल
figuier banian	bargad	बरगद
tek	sâgaun	सागौन
cocotier	nâriyal	नारियल
Animaux domestiques :	-pâltû jânvar -gharelû jânvar	पालतू जानवर घरेलू जानवर
chien	kuttâ	कुत्ता
chat	billî	बिल्ली
vache	gây	गाय
bœuf	bèl	बैल
chèvre	bakrî	बकरी
mouton	bheR	भेड़
cheval	ghoRâ	घोड़ा
âne	gadhâ	गधा
poule	murgî	मुर्गी
canard	battak	बत्तक
Animaux sauvages :	vannya-pashû / ja˜glî-jânvar	वन्य पशु / जंगली जानवर
singe	ba˜dar	बंदर
lion	sher	शेर
tigre	bâgh	बाघ
léopard	cîtâ	चीता
éléphant	hâthî	हाथी
ours	bhâlû	भालू
dromadaire / chameau	û˜T	ऊँट
loup	bheRiyâ	भेड़िया
sanglier	sûar	सूअर
le grand cerf indien	sâmbar	सांबर
cerf tacheté	cîtal	चीतल
antilope	bârahsi˜ghâ	बारहसिंघा

antilope indienne	nîlgây	नीलगाय
rhinocéros	gèNDâ	गेंडा
Animaux marins :	samudrîya prâNî	समुद्रीय प्राणी
poisson	machlî	मछली
requin	hâ˜gar / sor	हांगर / सोर
baleine	vhel/nimi˜gal	व्हेल / निमिंगल
crocodile	magarmacch	मगरमच्छ
tortue	kachuâ	कछुआ
coquillages	sîp	सीप
crabe	kekRâ	केकड़ा
Oiseaux :	pa˜chî / ciRiyâ	पंछी / चिड़िया
moineau	ciRiyâ	चिड़िया
pigeon	kabutar	कबूतर
corbeau	kauâ	कौआ
coucou	koyal	कोयल
paon	mor / mayûr	मोर / मयूर
perdrix	tîtar	तीतर
épervier	cîl	चील
vautour	gîdh	गीध
héron	baglâ	बगला
Insectes :	kîRe˜	कीड़ें
moustique	macchar	मच्छर
mouche	makkhî	मक्खी
abeille	madhu-makkhi	मधु-मक्खी
bourdon	bhau˜râ	भौंरा
papillon	titlî	तितली
criquet / grillon	jhî˜gur	झींगुर
sauterelle	TiDDâ	टिड्डा
fourmi	cî˜tî	चींटी
araignée	makaRî	मकड़ी
cafard	tilcaTâ / kokroc	तिलचटा / कोकरोच
punaise	khaTmal	खटमल
mille-pattes	kankhajûrâ	कनखजूरा
scorpion	bicchû	बिच्छू
ver luisant	jugnû	जुगनू

Chapitre 13

Rencontres et dialogues en société

Premiers contacts

Il n'est pas difficile d'entrer en contact avec les Indiens, généralement chaleureux et accueillants. Dès que l'on se promène dans la rue, les gens offrent spontanément leur aide. Que vous parliez leur langue ou non, ils font des efforts pour vous comprendre, pour vous aider à vous faire comprendre, pour vous mettre à l'aise. Les Indiens sont habitués à vivre dans un contexte de plurilinguisme : le plus souvent ils parlent plus d'une langue... mais pas toujours les mêmes !

Saluer

«Namaste» ou «Namaskâr» est la salutation normale à laquelle on répond pareillement. On accompagne «Namaste» d'un geste où l'on joint les deux mains en inclinant légèrement la tête de sorte que l'extrémité des doigts se trouve au niveau du visage. À la campagne on entend aussi «râmrâm», « jay râmjî kî » (le nom du dieu Rama).

La coutume est de toucher les pieds des gens âgés en disant «pây lâgû˜» « Puis-je vous toucher les pieds ? », lesquels vous donnent la bénédiction «sukhî raho», « Sois/soyez heureux » ou, dans le cas d'une femme mariée, «saubhâgyavati raho», « Que tu/vous sois/soyez pourvue du bonheur conjugal ». En général, on peut dire «âyushmân (masc.)/âyushmatî (fem.) ho; jîte (m)/jîtî (f) raho», « sois/soyez pourvu d'une longue vie ; restez en vie ». Entre amis et proches on se donne l'accolade et lors de rencontres formelles, les gens se serrent la main.

Noms, prénoms et titres

Les Indiens, du moins en Inde du Nord, ont un prénom et un nom de famille (patronyme) clairement identifiés qui s'accompagnent de titres (préfixes) et de particules de politesse (suffixes), à l'écrit comme à l'oral. Les principaux titres sont «shrî», «shrîyut» ou «shrîmân» pour un homme et «shrîmatî» ou «sushrî» (encore plus respectueux), pour une femme ; pour un garçon ou un jeune

homme : «kumâr», et pour une fille ou une jeune femme non mariée : «kumarî», d'où «kumâr mohan» ou «kumârî girîjâ».
La principale particule de politesse est «jî», que l'on suffixe au nom de famille ou au prénom pour indiquer le respect. Dans les contextes formels, on trouve aussi «mahoday» « Altesse » qu'on peut utiliser comme «adhyaksh mahoday» « Monsieur le président (d'une séance)». Dans certains cas, on peut suffixer aux prénoms féminins le mot «devî» (déesse) ce qui donne «shobhâdevî». Ainsi, pour parler d'un certain Monsieur Madanlal Yadav on peut entendre «shrî/shrîyut/shrîmân madanlâljî» (on utilise ici le prénom) ou «shrî/shrîyut/shrîmân yâdav (jî)» (avec le nom de famille). Pour parler de Mme Shobha Verma, on dira «shrîmatî shobhâjî » ou « shrîmatî varmâ (jî) » ou encore « sushrî varmâ».
Le titre «sâhab» est un suffixe que l'on rencontre dans un « hindi-ourdou » et qui est d'un emploi assez fréquent. C'est ainsi que le même Madanlal Yadav peut être aussi appelé «yâdavsâhab».

Quand les Indiens s'adressent à un étranger

Les Indiens, comme beaucoup d'autres Asiatiques, donnent assez généralement un statut de parenté aux personnes extérieures à leur famille, qu'il s'agisse d'un simple inconnu dans la rue ou d'un étranger venant d'un autre pays. Ne vous étonnez donc pas si l'on s'adresse à vous avec des appellations comme «bhâî-sâhab», (frère, terme de respect) ou «bahan-jî», (sœur, terme de respect) lorsque l'on vous parle. On vous appellera aussi « Oncle » «câcâ-jî», « Tante » «câcî-jî», « Fils » «beTe» ou « Fille » «beTî», en fonction de votre sexe et de la différence d'âge avec celui qui vous parle. Vous pouvez faire de même pour demander des renseignements dans la rue.

Demande de renseignements

En règle générale, un garçon veillera à ne pas s'adresser à une fille ou à une jeune femme, de la même façon qu'une fille ou une jeune femme évitera de demander de l'aide à un garçon ou à un homme qu'elle ne connaît pas, même si dans les villes et dans les familles modernes cela ne choque plus vraiment.
Quand il s'agit de demander des renseignements **aux guichets**, désignés par le mot «pûchtâch», le rapport devra être plus formel. On pourra dire «namaste», salutation formelle qui permet d'attirer

l'attention ou «mâf kîjie» qui veut dire « Excusez-moi ». Ensuite, on peut poser ses questions.

Dans la rue, pour demander de l'aide «madad», ou des renseignements «jânkârî», on commence par se saluer «namaste» ou par dire «mâf kîjie » ou « kshamâ kîjie» (excusez-moi). Ensuite on continue en disant: «mujhe âpki madad câhie» (je voudrais votre aide) ou «mujhe jânkâri câhie» (je voudrais des renseignements), pour introduire le sujet de sa requête.

Rendre visite à une famille indienne

Avant d'entrer dans une maison, il est obligatoire d'enlever ses chaussures sur le seuil, sauf dans les villes et dans quelques familles où l'on peut les garder jusque dans le salon. Il vaut mieux de toute façon retirer ses chaussures dès l'entrée de la maison si vos hôtes ne vous disent pas explicitement de les garder. Lorsque vous visitez un temple, il est toujours impératif d'ôter ses chaussures. Pour ce qui est de votre tenue vestimentaire, il n'y a pas de règle stricte, mais il est recommandé de bien se couvrir le corps, quelle que puisse être la chaleur. Les tenues légères ou débraillées sont mal vues dans les familles traditionnelles et ne sont pas appréciées dans le reste de la société. Si l'étranger est une femme, le moindre relâchement attire tous les regards. Lorsque l'on est invité chez quelqu'un, on peut lui apporter des sucreries ou des cadeaux et, sous l'influence de la culture occidentale, on offre parfois des fleurs «phûl».

Entre amis, on se rend visite sans prévenir. C'est une habitude et presque une coutume normale lorsque l'on a affaire à une famille traditionnelle (famille nombreuse). On accueille toujours bien les invités «mehmân» et l'on insiste pour que les amis restent manger si la visite avoisine les heures des repas. Autrement, on offre du thé avec des amuse-gueules «caTpaTî cîze» qui comprennent souvent un mélange de beignets et autres fritures, en plus des snacks salés, épicés et/ou pimentés. On aime aussi offrir des sucreries «miThâî». Dans le Punjab, on prépare de grands verres de «lassî», boisson rafraîchissante, sucrée ou salée, préparée à base de yaourt et bien connue des restaurants indiens à l'étranger. Dans le cas des familles modernes (famille de type nucléaire en milieu urbain), il est préférable de prévenir avant de rendre visite dans la mesure où les membres étant peu nombreux et la vie en ville imposant davantage de déplacements, on risque de ne trouver personne à la maison !

Quelques notions utiles

Le corps humain est plus pur en haut et de moins en moins en dessous de la taille. De même, le côté gauche est moins pur que le côté droit. La main gauche s'utilise donc pour des activités inférieures. On ne mange qu'avec la main droite, on n'accepte et ne donne de l'argent qu'avec cette même main. Attention, vous choquerez votre interlocuteur en touchant un livre avec vos pieds ! En règle générale, on ne touche à rien avec ses pieds. Si on marche sur les pieds de quelqu'un ou si on lui donne un coup de pieds par mégarde, pour s'excuser, on fait un signe de « namaskar » en touchant la personne et en ramenant la main sur le front puis sur la poitrine. La salive est considérée comme impure. Un verre où quelqu'un aurait déjà bu et une assiette dans laquelle on a déjà mangé sont devenus « jûThâ » et « jûThî » (respectivement) et de ce fait non utilisables par quelqu'un d'autre sans qu'ils soient nettoyés. Avant d'entrer dans une maison ou en entrant dans la maison on se lave le visage, les mains et les jambes. Et on se nettoie toujours les mains avant de manger.

Sauf lorsque l'on a pris l'habitude du « bed-tea » (thé au lit), on ne boit jamais d'eau sans s'être lavé la bouche le matin, et c'est toute une cérémonie ! Dans les villes et villages, les gens utilisent des brosses à dents et du dentifrice, mais d'autres se servent de brins de certains arbres auxquels on reconnaît des propriétés médicinales. Ensuite, on se nettoie la langue, puis la gorge. Donc, ne soyez pas inquiet si vous entendez des bruits bizarres venant d'une chambre voisine ! Certains ne mangent rien le matin avant de s'être lavé.

Les signes du zodiaque « râshi »

Il y a douze signes du zodiaque, les mêmes que les Occidentaux, mais on établit un horoscope « janma kuNDlî » en tenant compte de l'heure , du jour et du lieu de naissance de l'individu. C'est ainsi que l'on détermine le signe « râshi » de la personne. Un individu qui est sagittaire selon les signes solaires n'aura pas forcément le même signe « râshi » selon l'astrologie indienne. MeS (Bélier), vriS (Taureau), mithun (Gémeaux), kark (Cancer), si˜ha (Lion), kannyâ (Vierge), tulâ (Balance), vrishcik (Scorpion), dhanû (Sagittaire), makar (Capricorne), kumbh (Verseau) et mîn (Poisson).

Voir également chapitre 1 « 1ers mots utiles »

Invitation à la maison	ghar âne kâ nima˜traN (*ou* : nyotâ)	घर आने का निमंत्रण (न्योता)
Venez manger chez nous.	hamâre ghar khânâ khâne âiegâ.	हमारे घर खाना खाने आइएगा
Venez prendre un thé.	cây pîne ke lie â jânâ ghar par.	चाय पीने के लिए आ जाना घर पर
Venez-nous rendre visite.	-hamâre ghar kabhî âie -kabhî âie hame˜ milne	हमारे घर कभी आइए कभी आइए हमें मिलने
Avec plaisir !	mujhe bhî baRî Khushî hogî	मुझे भी बड़ी ख़ुशी होगी
Bonjour !	namaste/ namaskâr	नमस्ते/नमस्कार
Bonsoir !	namaste/ namaskâr	नमस्ते/नमस्कार
Bonne nuit !	shubh râtrî !	शुभ रात्री
Je vous ai apporté un petit quelque chose.	mè˜ âpke lie choTâsâ kuch lâyâ (*ou* lâî hû˜ (f))	मैं आपके लिए छोटसा कुछ लाया (लाई) हूँ
-des roses	-kuch gulâb ke phûl	कुछ गुलाब के फूल
-du chocolat	-kuch câkleT	कुछ चाकलेट
-des cadeaux	-bheNT	कुछ भेंट
Oh, il ne fallait pas !	are, iskî kyâ zarûrat thî !	अरे, इसकी क्या ज़रुरत थी!
Vous êtes si aimable !	-âp kitne sajjan hè˜ - âp kitnî sajjan hè˜ (f.)	आप कितने सज्जन हैं ! आप कितनी सज्जन हैं!
Je suis enchan**tée** de vous connaître.	âp se milkar bahut Khushî huî.	आपसे मिलकर बहुत ख़ुशी हुई
Revenez nous voir prochainement.	èse hî phir â jânâ	ऐसे ही फिर आ जाना
À ce soir !	shâmko milte hè˜ !	शाम को मिलते हैं
À demain !	kal mile˜ge !	कल मिलेंगे

À bientôt !	jaldî hî phir mulâkât hogî !	जल्दी ही फिर मुलाकात होगी
Comment allez-vous ?	-kèse hè˜ âp ? (m.) -kèsî hè˜ âp ? (f.)	कैसे/कैसी है आप?
Bien (merci).	Thîk hû˜.	ठीक हूँ
Comment vous appelez-vous ?	-âpkâ shubhnâm ? -âpkâ nâm kyâ hè ?	आपका शुभनाम ? आपका नाम क्या है ?
Je m'appelle Aude	merâ nâm od hè	मेरा नाम ओद है
D'où venez-vous ?	-âp kahâ˜ se âe hè˜ ? (m.) -âp kahâ˜ se âî hè˜ ?(f.)	आप कहाँ से आए है? आप कहाँ से आई हैं ?
Je suis étranger.	mè˜ videshî hû˜.	मैं विदेशी हूँ
-français	-frânsîsî	फ्रांसीसी
-belge	-belj	बेल्ज
-suisse	-svis	स्विस
-québécois	-kvebek se	क्वेबेक से
Quel âge avez-vous ?	âpkî umra kyâ hè ?	आपकी उम्र क्या है ?
J'ai trente ans. (m.) (f.)	-mè˜ tîs sâl kâ hû˜ - mè˜ tîs sâl kî hû˜	मैं तीस साल का हूँ
J'ai vingt-cinq ans.	merî umra paccîs sâl hè.	मेरी उम्र पच्चीस साल है
Quelle est votre profession ?	-âp kyâ karte hè˜ ? -âp kyâ kartî hè˜ ? (f.)	आप क्या करते हैं ? आप क्या करती हैं ?
Je suis ingénieur.	mè˜ injîniyar hû˜.	मैं इंजीनियर हूँ
-commerçant	-vyâpârî -dukândâr	व्यापारी दुकानदार
-cuisinier	-rasoiyâ -bâvarcî	रसोइया बावरची
-professeur	-âdhyâpak	अध्यापक
-étudiant	-vidyârthî / châtr	विद्यार्थी/छात्र
-homme d'affaires	-biznesman	बिज़नेसमन
-ouvrier	-mazdûr	मज़दूर
-journaliste	-patrakâr	पत्रकार

-manager	-mènejar	मैनेजर
-employé	-karmcârî	कर्मचारी
Où travaillez-vous ?	-âp kahâ˜ kâm karte hè˜ ? (m.)	आप कहाँ काम करते हैं ?
	-âp kahâ˜ kâm kartî hè˜ ? (f.)	आप कहाँ काम करती हैं ?
Je travaille à Paris.	-mè˜ pèris me˜ kâm kartâ hû˜.	मैं पैरिस में काम करता हूँ
	-mè˜ pèris me˜ kâm kartî hû˜. (f.)	मैं पैरिस में काम करती हूँ
Famille :	parivâr/kuTumb	परिवार /कुटुंब
Je vous présente ma famille :	mere parivâr se âpkâ paricay karâtâ hû˜.	मेरे परिवार से आपका परिचय कराता हूँ
ma femme	merî patnî	मेरी पत्नी
mon mari	mere patî	मेरे पती
mes enfants	mere bacce	मेरे बच्चे
mon fils	merâ beTâ	मेरा बेटा
ma fille	merî beTî	मेरी बेटी
ma mère	merî mân	मेरी माँ
mon père	mere pitâjî	मेरे पिताजी
mon grand-père	mere dâdâjî	मेरे दादाजी
ma grand-mère	merî dâdîji	मेरी दादीजी
mon grand frère	mere baRe bhâî	मेरे बड़े भाई
mon petit frère	merâ choTâ bhâî	मेरा छोटा भाई
ma grande sœur	merî baRî bahan	मेरी बड़ी बहन
ma petite sœur	merî choTî bahan	मेरी छोटी बहन
mon oncle	mere câcajî	मेरे चाचाजी
ma tante	merî câcîjî	मेरी चाचीजी
mon cousin :		
-de l'oncle paternel	-cacerâ bhâî	चचेरा भाई
-de l'oncle maternel	-mamerâ bhâî	ममेरा भाई
-de la tante paternelle	-phupherâ bhâî	फुफेरा भाई

-de la tante maternelle	-mauserâ bhâî	मौसेरा भाई
ma cousine :		
-de l'oncle paternel	-cacerî bahan	चचेरी बहन
-de l'oncle maternel	-mamerî bahan	ममेरी बहन
-de la tante paternelle	-phupherî bahan	फुफेरी बहन
-de la tante maternelle	-mauserî bahan	मौसेरी बहन
ma fiancée	merî ma˜getar	मेरी मंगेतर
mon fiancé	merâ ma˜getar	मेरा मंगेतर
amante	preyasî	प्रेयसी
amant	premî	प्रेमी
Nous sommes mariés.	ham shâdî-shudâ hè˜.	हम शादी-शुदा है
Nous sommes fiancés.	hamârî ma˜gnî huî hè.	हमारी मंगनी हुई है
Nous sommes divorcés.	hamârâ Dâivors (*ou* talâK) huâ hè.	हमारा डाईवोर्स (तलाक़) हुआ है
Je suis célibataire.	mè˜ avivâhit hû˜.	मैं अविवाहित हूँ
un nouveau-né	navjât	नवजात
Bon anniversaire !	janmadivas kî shubhkâmanâe˜ !	जन्मदिवस की शुभकामनाएँ
Félicitations !	badhâî ho !	बधाई हो !
Tous mes vœux !	merî shubhkâmnâe˜ !	मेरी शुभकामनाएँ
Je vous présente mes condoléances.	merî hârdik sa˜vedanâ svîkâr kare˜.	मेरी हार्दीक संवेदना स्वीकार करें
Je voudrais vous inviter… (m.)	-mè˜ âpko … bulânâ câhtâ hû˜.	मैं आपको..बुलाना चाहता हूँ
(f.)	-mè˜ âpko … bulânâ câhtî hû˜.	मैं आपको.. बुलाना चाहता हूँ
… à sortir.	-bâhar jâne ke lie	बाहर जाने के लिए

… à dîner.	-shâm ko Khânâ khâne par	शाम को खाना खाने पर
… à prendre un verre.	-kuch pîne ke lie	कुछ पीने के लिए
… à danser.	-nâc karne ke lie	नाच करने के लिए
On peut sortir dans…	kyâ ham … jâ sakte hè˜ ?	क्या हम ...जा सकते हैं?
-un club de nuit ?	-nâiT klab me˜	नाइट क्लब में
-une discothèque ?	-Disco Dèns ke lie	डिस्को डैंस के लिए
-un café ?	-kâfî pine	काफ़ी पीने
-une fête privée ?	-ek gharelû kâryakram me˜	एक घरेलू कार्यक्रम में
-un restaurant ?	-resToreNT	रेस्टोरेंट
-une auberge ?	-sarâî me˜	एक सराई में
faire connaissance	paricay karnâ	परिचय करना
sortir ensemble	sâth sâth bâhar jânâ	साथ साथ बाहर जाना
se fréquenter	ek dûsre se milnâ	एक दूसरे से मिलना
Nous nous sommes bien amusés !	ham ne baRâ mazâ kiyâ !	हम ने बड़ा मज़ा किया
Je viens te chercher à 19 heures.	-mè˜ shâm ko sât baje tumhe˜ lene âû˜gâ. (m.)	मैं शाम को सात बजे तुम्हें लेने आऊँगा
	-mè˜ shâm ko sât baje tumhe˜ lene âû˜gî. (f.)	मैं शाम को सात बजे तुम्हें लेने आऊँगी
Avec plaisir !	-shauk se !	शौक से
	-Khushî se !	ख़ुशी से
Il n'en est pas question !	bikul nahî˜ !	बिलकुल नही
Tu me plais beaucoup.	-tum mujhe bahut acche lagte ho.(m)	तुम मुझे बहुत अच्छे लगते हो
	-tum mujhe bahut acchî lagtî ho. (f)	तुम मुझे बहुत अच्छी लगती हो
Tu me plais aussi.	tum bhî mujhe /acche lagte ho.(m) /acchî lagtî ho.(f)	तुम भी मुझे बहुत अच्छे लगते / अच्छी लगती हो

Nous nous verrons bientôt.	ham jaldî hî phir mile˜ge.	हम जल्दी ही फिर मिलेंगे
Tu ne me plais pas !	-tum mujhe acche nahî˜ lagte ho !(m) -tum mujhe acchî nahî˜ lagtî ho !(f)	तुम मुझे अच्छे नहीं लगते हो तुम मुझे अच्छी नहीं लगती हो
Laissez-moi tranquille !	-mujhe akelâ choR do ! (m.) -mujhe akelî choR do ! (f.)	मुझे अकेला छोड़ दो मुझे अकेली छोड़ दो

Chapitre 14

Littérature et musique

Littérature

La littérature hindi se rédigeait en dialectes régionaux avant l'indépendance. Tulsîdâs et Sûrdâs, deux poètes dévotionnels de l'âge médiéval, écrivaient respectivement en awadhi et en braj. Aujourd'hui, certains écrivains contemporains continuent à écrire dans ces langues régionales.

La littérature hindi est riche de plusieurs genres littéraires. Des traductions des épopées aux livres religieux écrits en sanskrit, on trouve une grande diversité de sujets, comme par exemple : les problèmes socio-politiques ou culturels, ou les conflits entre la vie rurale et la vie urbaine ou entre les générations. L'événement de la partition entre l'Inde et le Pakistan a marqué une génération et on retrouve encore son influence, même chez certains jeunes écrivains.

En 2002, l'Inde a été le pays invité par la France dans le cadre du programme des « Belles-étrangères ». Lors des différentes manifestations liées à ce programme, des discussions avec plusieurs écrivains venus de toute l'Inde, Nirmal Verma, Krishna Baldev Vaid, Alka Saraogi,Udayan Vajpeyi (écrivains modernes du hindi) ont été organisées et ont connu un grand succès.

Certains de leurs ouvrages sont traduits du hindi en français par Mme Annie Montaut et sont publiés en France. On trouve aussi des traductions en français des œuvres plus anciennes mais en général, on en compte beaucoup plus en langue anglaise.

Musique populaire, « lok sa˜gît »

La musique religieuse s'appelle « bhajan ». Les « kîrtan » sont des chants dévotionnels. Les « bhajan » de Sûrdâs, de Kabîr, de Mîrâbâî sont les plus connus. Les « qavvalî »

(chants religieux de la tradition soufie) sont chantés dans les « dargâh » à la fois en hindi, ourdou, punjabi ou persan.
Les femmes ont un répertoire de chants liés aux fêtes de famille : naissances, mariages ou fêtes des saisons (printemps, mousson)... Les femmes chantent aussi pour rythmer la vie quotidienne.

Musique populaire de films, « filmî sa˜gît »
Le cinéma, très populaire, a rendu ses chansons incontournables. Vous rencontrerez fréquemment des gens, quel que soit leur âge, en train de siffler un air, une chanson ou encore un bhajan ! Il suffit de constater le nombre impressionnant de programmes de variétés à la radio. De son côté, la télévision diffuse des séquences de chansons quand ce n'est pas le film en entier. On y organise aussi des concours de chants pour tous les âges !
Le « bhâ˜gRâ », danses et chants du Punjab, très populaire par son rythme a donné naissance, il y a quelques années, à ce que l'on appelle le « Tekno bhâ˜gRâ » (Techno bhangra) que l'on entend aussi à l'étranger, surtout en Angleterre.
La musique et la danse sont différentes au Rajasthan. La diversité de chants, de styles et d'instruments d'accompagnement prouve que la musique fait partie intégrante de la vie du peuple indien.
La musique pop occidentale et « indipop » occupe une place importante chez les jeunes des métropoles. L'indipop est disponible en CD et en DVD. Les magasins vendent aussi des musiques de film et des cassettes vidéo.

La musique classique ou « shâstrîya sa˜gît » du style « hindoustani » est plus courante en Inde du Nord, s'opposant d'une certaine manière à la musique classique de l'Inde du Sud dite « karnâTakî ». La musique hindoustani, telle qu'on l'entend aujourd'hui, est une forme née de l'influence mutuelle des cultures hindoue et musulmane. Elle comporte une musique vocale « maukhik » et une instrumentale

« vâdya sa˜gît ». Son apprentissage va au-delà de la technique pure puisqu'elle est un moyen d'accéder au principe absolu : « le brahman ». L'initiation requiert toute une formation que l'on ne peut recevoir que dans la tradition de « guru-shishya paramparâ ». L'apprentissage se fait de manière personnelle par la transmission du savoir d'un maître à un élève. On reconnaît ainsi quelques écoles ou maisons, « gharânâ » ou « bânî », de musique. Un musicien accompli prend une certaine liberté, tout en respectant les bases de son école, pour laisser libre cours à son propre talent et à son imagination. Dans le temps, les maîtres musiciens étaient soutenus par les rois et les concerts s'organisaient au sein des cours. Il est possible aujourd'hui d'apprendre la musique classique dans des académies de musique et dans les universités aussi bien que chez un maître.

Dans les sous-catégories, « dhrupad », « Khayâl » et « Thumrî » sont très connus. Une performance vocale peut être accompagnée d'un « tânpurâ » instrument qui maintient une harmonie, d'un « bâjâ », 'harmonium', ou d'un « tablâ » instrument de percussion qui marque le rythme « tâl ». Le terme « râga » que l'on utilise dans cette musique désigne un schéma élaboré à partir de la gamme de base de sept notes « sapta svar » qui est embellie par le musicien selon ces connaissances et sa créativité. On dit souvent qu'un « râga » évoque un certain sentiment et qu'un musicien choisit le « râga » en fonction de l'heure, du jour et de la saison où le concert a lieu.

Parmi les instruments de musique on reconnaît le « sîtar » (cithare), le « sarod », le « santûr », le « vîNâ » (instruments à cordes) et le « bâ˜surî » (flûte) ou le « shahanâî » semblable à un hautbois.

La musique populaire de la région du Rajasthan ou quelques échantillons de la musique classique sont en vente en CD et/ou en cassette dans les Fnac, chez Gibert (musique) et aux Virgin Mégastore, par exemple.

Musique :	sa˜gît	संगीत
chanter	gânâ	गाना
chanteur	gâyak	गायक
jouer d'un instrument	vâddya bajânâ	वाद्य बजाना
musicien	vâdak	वादक
musique instrumentale	vâddya sa˜gît	वाद्य संगीत
musique de fond	pârshv-sa˜gît	पार्श्व संगीत
Ce chanteur est très populaire.	ye gâyak jâne mâne hè˜.	यह गायक जाने माने हैं
J'aime beaucoup sa voix.	mujhe unkî âvâz bahut pasa˜d hè.	मुझे उनकी आवाज़ बहुत पसंद है
chanson	gît	गीत
rythme	Thekâ / tâl	ठेका/ताल
paroles	shabda racnâ	शब्द रचना
mélodie	dhun	धुन
Musique moderne	mâDarn sa˜gît	मार्डर्न संगीत
musique classique	shâstrîya	शास्त्रीय
musique populaire	lokpriya	लोक प्रिय
musique folklorique	lok sa˜gît	लोक संगीत
Instruments de musique :	vâddya	वाद्य
piano	piyâno	पियानो
violon	vâyolin	वायोलिन
guitare	giTâr	गिटार
flûte	bâ˜surî	बांसुरी
clarinette	shahnâî	शहनाई
trompette	tutârî	तुतारी
harmonium	hârmoniam	हारमोनियम
Instruments traditionnels :	pâra˜pârik vâddya	पारंपारिक वाद्य
ensemble de deux petits tambours	tablâ	तबला

tambour horizontal à deux faces	pakhâvaj	पखावज
instrument à cordes (dans la main de la déesse Saraswati)	vîNâ	वीणा
cithare…	sitâr	सितार
… d'accompa-gnement à cordes	-tânpurâ -tambûrâ	तानपुरा तंबूरा
… à cordes	-sarod	सरोद
…à cordes, joué avec des bâtonnets aux deux mains	-santûr	संतूर
… à cordes, joué avec un archet	-sâra˜gî	सारंगी
Est-ce que vous vendez…	âpkî dukân me˜… hè ?	आपकी दुकान में ..है ?
… des CD audio ?	-oDio CD	ओडिओ सीडी
… des cassettes audio ?	-oDio keseT	ओडिओ केसेट
… des 33 tours ?	-rekârD	रेकार्ड
… des mini-disc ?	-mini Disk	मिनि डिस्क
Livre :	kitâb / pustak	किताब/पुस्तक
livre ancien	purânî kitâb	पुरानी किताब
écrivain	lekhak	लेखक
roman	upanyâs	उपन्यास
nouvelles	kathâ	कथा
biographie	-jîvan carit -jîvnî	जीवन चरित जीवनी
autobiographie	âtmacarit	आत्म चरित
philosophie	darshan shâstr	दर्शन शास्त्र
poésie	kâvya	काव्य
poème	kavitâ	कविता
poète	kavi	कवि
librairie	kitâbo˜ kî dukân	किताबों की दुकान
bibliothèque	pustkâlay	पुस्तकालय

Journal :	-samâcârpatra -aKhbâr	समाचार पत्र अख़बार
magazine	patrikâ	पत्रिका
éditorial	sampâdkîy	संपादकीय
le titre	shîrSak	शीर्षक
l'éditeur	sampâdak	संपादक
Informatique :		
ordinateur	-kampyuTar -sa˜gaNak	कंप्युटर संगणक
CD-rom	siDi rom	सीडी रोम
disquette	flâpî	फ़्लापी
imprimante	priNTar	प्रिंटर
connexion Internet	iNTarneT kanekshan	इंटरनेट कनेक्शन
e-mail (courriel)	î-mel	ई-मेल
envoyer un courriel	î-mel bhejnâ	ई-मेल भेजना

Chapitre 15

Maison et Meubles

Dans les maisons traditionnelles l'espace est bien défini : la cuisine se trouve au fond du logement et son accès est réservé à certaines personnes, une pièce spéciale abrite le culte familial quotidien, et une cour, au centre, sépare le salon du reste de la maison. Les femmes ne se montrent pas dans le salon. On s'assoit beaucoup par terre, soit sur des nattes « caTâî », soit sur des tabourets en bois très bas, « caukî ».
Le personnel utilise un accès secondaire derrière la maison et donnant accès au jardin potager. Enfin, à l'extérieur de l'habitation se trouve traditionnellement l'étable pour le bétail.
Les « mahal » (palais) et les « haveli » (grandes résidences) proviennent d'héritage ; ils ne sont plus construits aujourd'hui et leur entretien revient très cher.

Les maisons individuelles sont de plus en plus rares dans les grandes villes où s'est instaurée une culture de « bilDi˜g » ou « imârat » : immeuble seul ou ensemble d'immeubles constituant une société coopérative. Les termes d'origine anglaise « flèT » ou « blok » (flat ou block), désignent un appartement. Les constructions sont en béton, en acier, en verre alors qu'autrefois les maisons étaient en terre et en chaux ou en pierre. Aujourd'hui, dans les petites villes aussi, on construit les maisons en béton. La situation dans les villes fait qu'il existe aussi des gens sans toit qui dorment où ils peuvent, parfois sur le trottoir.

Vivre avec ses grands-parents paternels chez soi est une coutume fréquente même si aujourd'hui cette situation se raréfie selon les générations. Les relations familiales restent cependant assez fortes même si l'on ne vit pas dans la famille parentale. Le mariage d'une sœur, la santé des anciens sont des préoccupations importantes et les gens vont souvent chez les parents pour des fêtes de famille ou autres réunions.

Nous habitons…	ham … me˜ rahte hè˜.	हम .. में रहते हैं
…une maison.	-maKân/ ghar	मक़ान / घर
… un immeuble.	-bilDing	बिलडिंग
… un appartement.	-flèT	फ़्लैट
-meublé.	farnishaD	फ़रनिश्ड
… une villa.	-vilâ	विला
… un quartier résidentiel.	-resiDenshial eriyâ	रेसिडेंशियल एरिया
… en ville.	-shahar	शहर
… en banlieue.	-shahar se bâhar	शहर से बाहर
… à la campagne.	-gâ˜v me˜	गाँव में
… à la montagne.	-pahâRo˜ me˜	पहाड़ो में
…au bord de la mer.	-samudra kinâre	समुद्र किनारे
Louer une maison (en tant que locataire)	ghar kirâe par lenâ	घर किराए पर लेना
Louer une maison (en tant que propriétaire)	ghar kirâe par denâ	घर किराए पर देना
locataire	kirâedâr	किराएदार
propriétaire	maKân mâlik	मक़ान मालिक
les voisins	paRosî	पड़ोसी
loyer	kirâyâ	किराया
caution	zamânat	ज़मानत
étage	ma˜zil	मंज़िल
ascenseur	LifT	लिफ़्ट
Achats.	Kharîdârî	ख़रीदारी
Ventes.	bikrî	बिक्री
Combien de pièces y-a-t-il dans **cette maison?**	is ghar me˜ kitne kamre hè˜ ?	इस घर में कितने कमरे हैं ?
Dans cette maison il y a quatre chambres.	is ghar me˜ câr kamre hè˜.	इस घर में चार कमरे हैं

salle à manger	Dâining	डायनिंग
cuisine	rasoîghar	रसोईघर
salon	bèThak	बैठक
chambre à coucher	-sone kâ kamrâ	सोने का कमरा
	-shayanghar	शयनघर
salle de bains	GusalKhânâ	ग़ुसलख़ाना
WC	shauc ghar	शौचघर
bureau	abhyâsikâ	अभ्यासिका
garage	gèrej	गैरेज
espace devant la maison	agvâRâ	अगवाड़ा
espace derrière	pichvâRâ	पिछ्वाड़ा
terrasse	chat	छ्त
jardin	bagîcâ	बगीचा
piscine	sviming pûl	स्विमिंग पूल
porte	darvâzâ	दरवाज़ा
fenêtre	khiRkî	खिड़की
plancher	farsh	फ़र्श
plafond	chat	छ्त
cave	tahKhânâ	तहख़ाना
grange	koThâr	कोठार
serrure	tâlâ	ताला
clef	câbî/ku˜jî	चाबी/कुंजी
Meubles :	farnîcar	फ़रनीचर
table	mez / Tebal	मेज़/टेबल
chaise	kursî	कुरसी
tabouret	moRhâ	मोढ़ा
canapé	sofâ	सोफ़ा
chaise longue	ârâm kursî	आराम कुरसी
grande boîte en bois (coffre)	sa˜dûk	संदूक
armoire	âlmârî	आलमारी
balançoire	jhûlâ	झूला
miroir	aînâ / darpaN	आईना/दर्पण
lampe	diyâ	दिया
natte	caTâî	चटाई

lit	-cârpâî	चारपाई
	-khaTiyâ	खटिया
	-pala˜g	पलंग
draps	câdar	चादर
couverture	kambal	कंबल
édredon de coton	razâî	रज़ाई
oreiller / traversin	takiyâ	तकिया
un tapis	-kârpeT	कारपेट
	-Kâlîn	क़ालीन
	-jâjim	जाजिम
moustiquaire	macchardânî	मच्छरदानी
balai	jhâRû	झाड़ू
Équipement :		
aspirateur	vekyum klînar	वेक्युम क्लीनर
climatisation	eyar kaNDishanar	एयर कंडिशनर
ventilateur	pa˜khâ / fèn	पंखा/फ़ैन
téléviseur	Tî vî	टी वी
chaîne stéréo	sTîriyo sisTam	स्टीरिओ सिस्टम
magnétoscope	visîâr	विसीआर
ordinateur	kampyuTar	कंप्युटर
réfrigérateur	friz	फ़्रिज
four	ovan	ओवन
micro-ondes	mâykrovev	मायक्रोवेव
cuisinière à gaz	gès kâ cûlhâ	गैस का चूल्हा
allumette	diyâsalâî	दियासलाई
mixeur (robot)	miksar	मिक्सर
Vaisselle :	bartan	बरतन
casserole sans manche	bartan / bhâNDâ / patîlâ	बरतन/भाँडा / पतीला
poêle (à frire) avec hanches	kaRhâî	कढ़ाई
poêle	tavâ	तवा
bol	kaTorâ	कटोरा
planche (à rouler)	caklâ	चकला
rouleau	belan	बेलन
assiette en métal	thâlî	थाली

verre	gilâs / pyâlâ	गिलास/प्याला
baratte	mathânî	मथानी
cuillère	cammac	चम्मच
spatule	palTâ	पलटा
louche	kaRcul	कड़छुल
écumoire	kalchî /chanauTâ	कलछी/छनौटा
pinces	sa˜Rsî	सँड़सी
passoire	channî	छननी
tamis	câlnî	चालनी
boîte	Dabbâ	डब्बा
couvercle	Dhakkan	ढक्कन
seau	bâlTî	बालटी
grand pot en métal où l'on garde de l'eau potable	gagrâ	गगरा
Pot en terre	maTkâ	मटका
Adresse	patâ	पता
Ils déménagent. (ils changent de maison)	ve ghar badal rahe hè˜.	वे घर बदल रहे हैं
Ils rangent les affaires.	ve sâmân lagâ rahe hè˜.	वे सामान लगा रहे हैं
Vous avez bien décoré votre maison.	âpne apnâ ghar bahut acchâ sajâyâ hè.	आपने अपना घर बहुत अच्छा सजाया है
décorer la maison	ghar sajânâ	घर सजाना

Notes personnelles

Chapitre 16

Vie politique, économie et religion

La vie politique

L'Inde est une république fédérale parlementaire. C'est l'une des plus grandes démocraties du monde. Le pouvoir est divisé en trois :

- Le corps législatif,
- le corps exécutif,
- le corps judiciaire,

qui sont relativement indépendants l'un de l'autre. Le pouvoir est décentralisé sur les 28 États et leurs subdivisions propres.

Le Président de la République est élu pour une période de cinq ans. Il n'a qu'un rôle honorifique et agit sur l'avis du Conseil des ministres présidé par le Premier ministre. Le Président est le commandant en chef des forces défensives, il est le seul à pouvoir déclarer une guerre, « yuddha ». En cas de problème institutionnel grave dans un État, le régime présidentiel peut être y déclaré. C'est alors le Gouverneur de cet état qui représente directement le pouvoir présidentiel.

Après les élections des membres qui constituent la Chambre Basse, le Président désigne comme Premier ministre celui qui est soutenu par la majorité. Puis, sur les conseils de ce dernier, il nomme les autres ministres.

Tout citoyen indien qui a dix-huit ans a le droit de voter. Le « cunâv âyog » (Commission d'élection) assure l'exécution des élections dans le pays.
L'État est laïque « dharmnirpeksh » et n'a pas de religion officielle ; en effet, la Constitution indienne donne le droit à chaque individu de pratiquer la religion de son choix.

Économie

Une grande partie de la population dépend de l'agriculture. Malgré une irrigation performante, les cultures dépendent elles-mêmes de la mousson. Des agro-industries ont été développées pour assurer du travail aux agriculteurs et c'est donc en fonction de ses produits qu'une région se spécialise dans un type d'industrie. Par exemple, la production de fruits dans l'Himachal Pradesh a engendré ses conserveries. Le jus de pomme conditionné provenant de cette région se vend dans tout le pays. Les régions côtières développent des industries grâce à leurs cocotiers ; etc.

C'est à Mahatma Gandhi que l'on doit les « khâdi-grâmoddyog », qui sont essentiellement des artisanats de tissage à main. C'est un autre moyen de créer des emplois complémentaires pour les agriculteurs pendant la période où il n'y a pas d'activité agricole. De même, pour les habitants des zones forestières des petites industries se spécialisent dans la fabrication des produits naturels issus des arbres, des fruits, etc. C'est ainsi que l'on peut obtenir le « katthâ », (catchou), ingrédient du chique de la feuille de bétel, le « pân », également connu pour ses propriétés médicinales et qui a une place importante dans les composés des médicaments ayurvédiques.

Les industries lourdes (fer, acier, textile) sont bien développées mais leur croissance est disproportionnée selon les régions. Gurgao, Noida, Gaziabad, sont entre autres, des zones industrielles autour de Delhi. Les industries sont aussi bien privées que publiques. En informatique, surtout dans le domaine du software, l'Inde s'est construit une excellente réputation. *(Voir chap. 18).*

Les religions de l'Inde

La religion principale est l'hindouisme qui représente plus de 80 % de la population et fait partie intégrante de la vie quotidienne. Vous la découvrirez ! L'islam, arrivé au Xe siècle avec les Moghols, représente aujourd'hui une minorité importante : 13 % des Indiens. Il y a aussi des chrétiens : des catholiques et des protestants au Sud de l'Inde par exemple, dans les anciennes colonies portugaises (ex : Goa) ou françaises (ex : Pondichéry).

Le sikhisme :
Le sikhisme est concentré dans le Punjab, mais les sikhs se retrouvent ailleurs en Inde et à l'étranger. Il y en a environs 5 000 à Paris. On les repère facilement à leur turban et à leur barbe. Fondé au début du XVIe siècle par Guru Nanak sur certains principes de l'hindouisme et d'autres de l'islam, le sikhisme, par Guru Gobind Singh, adoptera plus tard des pratiques militaires destinées à défendre son peuple contre les agressions. C'est lui qui instaura le port des cinq symboles chez les hommes sikhs afin de leur permettre de se reconnaître : « kesh » (cheveux), les cheveux non coupés sont noués et cachés sous un turban ; « ka˜ghâ », (peigne en bois ou en ivoire) ; « kacchâ » (caleçon court) ; « kaRâ » (bracelet en acier) ; et « kirpâN » (poignard).
Le principe d'égalité entre chaque homme se manifeste sous forme de « seva » (où chacun rend service) et sous forme « de l'accueil à tous ». Les « Gurudvars » (temples sikhs) offrent abri et nourriture sans distinction. Les écrits des dix Gurus sikhs sont réunis avec des textes hindous et islamiques dans le « *Gra˜th Sâheb* », dont une lecture continuelle est assurée dans les « Gurudvars ».

Le jaïnisme et le bouddhisme sont issus du VIe siècle avant J.- C. comme une réaction à une certaine rigidité de l'hindouisme auquel on trouve des principes communs. Ils s'en distinguent d'une part en rejetant des préceptes comme celui de la hiérarchie dans l'organisation de la société ou des rites dans la civilisation védique, et d'autre part en mettant l'accent sur l'un des principes de l'hindouisme qui est de respecter la nature, donc les animaux et les plantes, et qui s'est traduit dans le jaïnisme et le bouddhisme en principe de « ahi˜sâ » (non-violence). Les jaïns le suivent encore plus à la lettre en se couvrant la bouche et en balayant devant eux en marchant dans la rue pour ne pas avaler ou écraser un insecte par mégarde. Ces derniers sont concentrés dans le Gujarat, le Rajasthan et dans l'ouest du Maharashtra comme à Nashik ou Mumbai. Ils sont pour la plupart commerçants.
Le Boudhha a essayé de trouver une « voie moyenne » (le chemin du milieu) et n'approuvait pas l'ascétisme alors que le jaïnisme le chante. On peut remarquer qu'au cours des siècles, ces religions se sont mutuellement influencées.

Certains sont proprement bouddhistes, d'autres néo-bouddhistes. On désigne par ce terme, les gens qui se sont convertis de l'hindouisme au bouddhisme sous l'influence de Dr Babasaheb Ambedkar. C'étaient essentiellement ceux qui appartenaient au dernier rang de la hiérarchie sociale.

Les « pârsî », les **zoroastriens** et les « yahûdî », les **juifs,** sont en minorité. Les « pârsî » sont plus concentrés dans le Gujarat et dans la région de Mumbai. Les juifs vivent dans le Kérala (au sud de l'Inde), à Puna (Maharashtra), dans des villes côtières du Maharashtra et Gujarat.

Les castes au sein de l'hindouisme : « jâti prathâ » (le système des castes) était la base de l'organisation d'une société où existait une hiérarchie dans une relation d'interdépendance. Les « brâhmaN», prêtres, étaient les transmetteurs du savoir religieux, les « kshatriya » (caste de guerriers) les protecteurs de la société, les « vaishya » (commerçants) donnaient l'aumône et les « shûdra » étaient les serviteurs. Une partie du peuple était considérée hors castes, « atishûdra », intouchables, « achût ». Ceux qui appartiennent aux trois premières castes sont des « savarN », littéralement « de couleur ». Les Rajpoutes, du Rajasthan, sont de la caste des guerriers et occupent une place importante dans l'histoire de l'Inde. Maha Rana Pratap est l'un des rois Rajpoutes le mieux connu.

Distinguer quelqu'un par sa caste est interdit par la Constitution indienne. Le système n'a pas les mêmes implications qu'autrefois. Il est plus présent dans la vie rurale, et plus ou moins en fonction des régions. Il est moins marqué dans les villes, mais on sent quelques réticences quand il s'agit de mariage, ce que l'on peut comprendre si l'on entend par le mot « caste » un faisceau d'habitudes et de coutumes qui font partie de la vie quotidienne. Le paramètre de « classe » joue également un rôle important dans le système des mariages. L'organisation sociale est très complexe et ne peut s'expliquer lors d'une description brève et facile. Pour mieux comprendre ces phénomènes, je vous suggère de sentir, une fois sur place, les relations entre les gens et la relation qu'ils partagent avec vous, en tant qu'étranger.

État :	râjya	राज्य
L'Inde est une république.	bhârat ek gaNata˜tra hè.	भारत एक गणतंत्र है
L'Inde est une démocratie.	bhârat ek prajâta˜travâdî râshTra hè.	भारत एकप्रजातंत्रवादी राष्ट्र है
République de l'Inde	bhârtîya gaNrâjya	भारतीय गणराज्य
nation	râshTra	राष्ट्र
district	zilâ	ज़िला
corporation municipale	nagar nigam	नगर निगम
comité municipal	nagar pâlikâ	नगर पालिका
conseil du village	grâm-pa˜câyat	ग्राम-पंचायत
Les valeurs nationales sont :	râSTra ke mûlya :	राष्ट्र के मूल्य :
« Seul la vérité triomphe. »	« satyameva jayate. »	सत्यमेव जयते
« Paix universelle.»	« vishvashâ˜tî. »	विश्वशांती
Politique :	râjnîti	राजनीति
la constitution	sa˜vidhân	संविधान
le gouvernement	sarkâr / shâsan	सरकार/शासन
le gouvernement indien	bhârat sarkâr	भारत सरकार
le gouvernement central	ke˜dra sarkâr	केंद्र सरकार
Chef de l'État (Président)	râshTrapatî	राष्ट्रपति
Premier ministre	pradhân ma˜trî	प्रधान मंत्री
Ministre	ma˜trî	मंत्री
Justice	nyây	न्याय
- juge	- nyâyâdhîsh	न्यायाधीश
Cour Suprême	sarvocca nyâyâlay	सर्वोच्च न्यायालय
Haute Cour (de chaque État)	ucca nyâyâlay	उच्च न्यायालय

Gouvernement d'un État de l'Union.	râjya sarkar	राज्य सरकार
Premier ministre d'un État	mukhya-ma˜trî	मुख्य मंत्री
Gouverneur	râjyapâl	राज्यपाल
Parlement :	sa˜sad	संसद
la Chambre Haute	râjya sabhâ	राज्य सभा
la Chambre Basse	lok sabhâ	लोक-सभा
la Chambre Haute, conseil législatif (au niveau d'un État)	vidhân-pariSad	विधान-परिषद
la Chambre Basse, assemblée législative (au niveau d'un État)	vidhân-sabhâ	विधान-सभा
Ambassadeur	râjdût	राजदूत
Consul	vâNijya dût	वाणिज्य दूत
L'armée :	senâ	सेना
l'armée de l'air	vâyu-senâ	वायु सेना
la marine	nausenâ	नौसेना
Voter	mat denâ	मत देना
le droit de vote	matâdhikâr	मताधिकार
élections	cunâv	चुनाव
électeur	matdâtâ	मतदाता
peuple	janatâ	जनता
citoyen	nâgrik	नागरिक
Partis politiques :	-râjnètik dal - râjnètik pârTî	राजनैतिक दल राजनैतिकपार्टी
Bharatiya Janata Parti (B.J.P.)	bhâratîya janatâ pârTî	भारतीय जनता पार्टी
(Parti du) Congrès	kâ˜gres pârTî	कांग्रेस पार्टी
Parti communiste	-sâmyavâdî dal - sâmyavâdî pârTî	साम्यवादी दल साम्यवादी पार्टी
Parti communiste marxiste	mârksvâdî kamyunisT pârTî	मार्क्सवादी कम्युनिस्ट पार्टी
Parti socialiste	samâjvâdî dal	समाजवादी दल

la « droite »	râshTrîya morchâ	राष्ट्रीय मोर्चा
la « gauche »	vâm morchâ	वाम मोर्चा
Religion :	dharm	धर्म
Je suis croyant.	mè˜ bhagvân ko mântâ hû˜.	मैं भगवान को मानता हूँ
Je suis baptisé.	merâ baptismâ huâ hè.	मेरा बपतिस्मा हुआ है
Je suis athée.	mè˜ nâstik hû˜.	मैं नास्तिक हूँ
Hindou	hi˜dû	हिंदू
temple	ma˜dir	मंदिर
prêtre	-purohit -paNDit	पुरोहित पंडित
Livre sacré	pothî / gra˜th	पोथी/ग्रंथ
prier	prârthanâ karnâ	प्रार्थना करना
méditation	-manan -ci˜tan -manan-prârthanâ	मनन चिंतन मनन-प्रार्थना
pèlerinage	tîrtha-yâtrâ (ou tîrath)	तीर्थ-यात्रा तीरथ
Bouddhiste	bauddha	बौद्ध
moine	bhikshu / bhikku	भिक्षु/भिक्कु
monastère	vihâr / bihâr	विहार/बिहार
Jäinisme	jèn dharm	जैन धर्म
Mahavir (Sauveur Jaïn, dernier des 24 prophètes)	mahâvîr	महावीर
prophète jaïn	tirtha˜kar	तीर्थंकर
Musulman	musalmân	मुसलमान
mosquée	masjid	मसजिद
Allah (Dieu)	allâh	अल्लाह
Mahomet (le Prophète)	muhammad	मुहम्मद
le Coran	Kurân	कुरान

Mullah (prêtre)	mullâ	मुल्ला
prier	namâz paRhnâ	नमाज़ पढ़ना
Sikh	sikkh	सिक्ख
Gurudvar (lieu de culte des Sikhs)	gurudvâr	गुरुद्वार
Livre sacré sikh	gra˜th sâhab	ग्रंथ साहब
Parsi / Zoroastrien	pârsî	पारसी
Zoroastre (Prophète)	jhartusht	झरतुश्ट
Zend Avesta (Livre sacré)	avestâ	अवेस्ता
Ahura Mazda (le Dieu)	ahurâ mâzd	अहुरा माज़्द
Juif	yahûdî	यहूदी
synagogue	yahûdî prârthanâghar	यहूदी प्रार्थनाघर
Christianisme	îsâî dharm	ईसाई धर्म
chrétien	îsâî	ईसाई
catholique	kèthlik	कैथलिक
protestant	proTestanT	प्रोटेस्टंट
Dieu	bhagvân / îshvar	भगवान/ईश्वर
Jésus Christ	îsâ masîh	ईसा मसीह
la Vierge Marie	mariâm	मरिआम
les saints	sa˜t	संत
la Bible	bâibel	बाइबल
église	girijâghar / carc	गिरिजाघर/चर्च
monastère	maTh	मठ
temple	ma˜dir	मंदिर
croix	krûs	क्रूस
prêtre	pâdrî	पाद्री
nonne	dharmsa˜ghinî	धर्मसंघिनी
moine	-maThvâsî -bhikshu	मठवासी भिक्षु
prières	prârthanâ	प्रार्थना
prier	prârthanâ karnâ	प्रार्थना करना
bénir	âshîrvâd denâ	आशीर्वाद देना

messe	mâs	मास
baptême	baptismâ	बपतिस्मा
cimetière	kabrstân	कब्रस्तान
cierge	mombattî	मोमबत्ती
rite religieux	-dhârmik vidhî	धार्मिक
	-dharmavidhî	धर्मविधी
croyance	shraddhâ	श्रद्धा
communauté religieuse	sampradây	संप्रदाय
autres religions	dûsre dharm	दूसरे धर्म
secte	pa˜th	पंथ

Notes personnelles

Notes personnelles

Chapitre 17

Enseignement

Compte tenu de la diversité de langues au sein de ce grand pays, il est compréhensible que l'éducation, tout au moins scolaire, soit dispensée en plusieurs langues. C'est ainsi que les jeunes Indiens ont la possibilité de recevoir l'instruction, « shikshaN », en hindi, ourdou et anglais.

L'instruction scolaire, « pâThasâlâ » ou « skûl », qui dure jusqu'à l'âge de 15 ans est gratuite et obligatoire, mais les enfants qui travaillent à plein temps ou à mi-temps ne sont pas tous inscrits.

Le gouvernement et des organisations privées ont mis en place des programmes d'alphabétisation pour adultes, «prauRh-shikshâ », et malgré ces efforts, le taux d'alphabétisation n'est pas très élevé (52,11 % en 1991).

Au terme de l'enseignement secondaire, « mâdhyamik », on obtient un premier diplôme qui permet de choisir un cursus professionnel ou de continuer des études secondaires supérieures, « ucca mâdhyamik ». Dans ce cas, on choisit des études spécialisées telles les sciences « shâstra », les études humaines « kalâ », le commerce « vâNijya ».
En général, on les suit dans des « mahâvidyâlay », ou « colleges », rattachés à une université « vishvavidyâlay », qui donnent au bout de deux ans un diplôme équivalent à celui du baccalauréat, diplôme nécessaire pour entrer dans la vie professionnelle.

À cette étape, on peut alors choisir une spécialisation en médecine, ingénierie, architecture, droit, ou opter pour un «Bachelor », comme le « B.A. » (Bachelor of Arts), le « B.Sc » (Bachelor of Science), etc. Le nombre d'années que l'on passe à obtenir ce diplôme varie selon les matières, mais en général on l'obtient au bout de trois ans.

On passe ensuite en maîtrise « Master of Commerce » (M.Com.), par exemple, qui dure deux ans. Que ce soit dans un « college » privé ou public l'éducation supérieure « ucca shikshâ » coûte cher en général et il n'y a pas assez de bourses pour tout le monde.

Au cours du troisième cycle on peut obtenir un « Master of Philosophy » (M.Phil) ou un « Ph.D. » (Doctorat). Sachez que l'Inde est en deuxième position dans le monde au nombre des chercheurs scientifiques de haut niveau.

Depuis plusieurs années, la mise en place d'un programme d'éducation à distance, pour ceux qui ne peuvent pas assister au cours, s'est développée.

L'Indira Gandhi Open University est l'une des plus grandes universités « ouvertes » du monde. Il est plus fréquent de voir des institutions mixtes même s'il existe des écoles et « colleges » réservés aux jeunes filles.

À la fin des années 90, l'analphabétisme touchait encore 3 hommes sur 10 et 6 femmes sur 10, et près de la moitié des enfants de 12 à 17 ans étaient scolarisées.
En Inde, moins de 10 % des jeunes atteignent le troisième degré de scolarisation, ce qui représente tout de même quelques millions de garçons et filles…

L'enseignement :	shikshâ	शिक्षा
école	-pâThshâlâ -viddyâlay /-skûl	पाठशाला/ विद्यालय/स्कूल
école primaire	prâthmik viddyâla	प्राथमिक विद्यालय
écolier / écolière	viddyârthî / châtrâ	विद्यार्थी/छात्रा
instituteur	shikshak	शिक्षक
institutrice	shikshikâ	शिक्षिका
lycée	hâîskûl	हाईस्कूल
-lycéen	-hâîskûl kâ vidyârthî (*ou* : châtr)	हाईस्कूल का विद्यार्थी (छात्र)
-lycéenne	-hâîskûl kî vidyârthinî(*ou* : châtrâ)	हाईस्कूल की विद्यार्थिनी (छात्रा)
Directeur d'enseignement supérieur	pradhânâcârya	प्रधानाचार्य
enseignant/e	shikshak	शिक्षक
professeur	-addhyâpak -prâddyâpak	अध्यापक प्राध्यापक
université	vishvaviddyâlay	विश्वविद्यालय
bibliothèque	-pustakâlay -lâibrerî	पुस्तकालय लाइब्रेरी
En classe :	klâs me˜	क्लास में
classe	klâs	क्लास
gomme	rabar	रबर
crayon	pensil	पेनसिल
tableau	borD	बोर्ड
craie	câk	चाक
récréation	chuTTî	छुट्टी
salle des professeurs	shikshak kaksh	शिक्षक कक्ष
notes	a˜k / mârk	अंक/मार्क
Je n'ai pas compris.	mè˜ samjhâ nahî˜.	मैं समझा नहीं

Combien de jours de vacances avez-vous ?	âpko kitne din kî chuTTî hè ?	आपको कितने दिन की छुट्टी है ?
-un mois	-ek mahînâ	एक महीना
-trois jours	-tîn din	तीन दिन
Passer un examen	-parîkshâ denâ -imtehân denâ	परीक्षा देना इम्तेहान देना
repasser un examen	dubârâ parikshâ denâ	दुबारा परीक्षा देना
examen écrit	likhit parîkshâ	लिखित परीक्षा
examen oral	maukhik parîkshâ	मौखिक परीक्षा
redoubler une année scolaire	ek hî varg me ˜ dubârâ jânâ	एक ही वर्ग में दुबारा जाना
J'ai passé les écrits.	mè˜ ne likhit parîkshâ pâs kî hè.	मैं ने लिखित परीक्षा पास की है
Cette fois –ci, j'ai échoué aux examens	is bâr mè˜ parîkshâ me˜ uttîrN nahî˜ huâ	इस बार मैं परीक्षा में उत्तीर्ण नहीं हुआ
Matières :	viSay	विषय
anglais	a˜grezî	अंग्रज़ी
art	kalâ	कला
médecine	vèddyak shâstr	वैद्यकशास्त्र
commerce	vâNijya	वाणिज्य
biologie	jîv vigyân	जीव विज्ञान
chimie	rasâyan shâstr	रसायन शास्त्र
physique	bhautik vigyân	भौतिक विज्ञान
astronomie	khagol vigyân	खगोल विज्ञान
géographie	bhûgol	भूगोल
histoire	itihâs	इतिहास
architecture	vâstukalâ	वास्तुकला
informatique	kampyuTar sâi˜s	कंप्युटर साइन्स
littérature	sâhitya	साहित्य
mathématiques	gaNît	गणित
musique	sa˜gît	संगीत
sciences	vigyân / sâi˜s	विज्ञान / साइन्स
sociologie	samâj vigyân	समाज विज्ञान

géologie	bhûgarbh vigyân	भूगर्भ विज्ञान
séismologie	bhûkamp vigyân	भूकंप विज्ञान
archéologie	purâtattva shâstr	पुरातत्त्व शास्त्र
psychologie	manovigyân	मनोविज्ञान
droit	nyâyshâstr	न्यायशास्त्र
linguistique	bhâSâ shâstr	भाषाशास्त्र
sport	khel	खेल
Je voudrais inscrire mon fils dans ce « collège ».	mè˜ apne beTe ko is kâlej me˜ dâkhilâ dilvânâ câhtâ hû˜.	मैं अपने बेटे को इस कालेज में दाखिला दिलवाना चाहता हूँ
Quels sont vos diplômes ?	âpke pâs kaunsî Digrî hè ?	आपके पास कौनसी डिग्री है ?
Avez-vous obtenu une bourse ?	kyâ âpko châtrvRtti milî hè ?	क्या आपको छात्रवृत्ति मिली है ?
J'ai une bourse.	-mujhe châtrvRtti milî hè –mujhe vazîfâ milâ hè	मुझे छात्रवृत्ति मिली है मुझे वज़ीफ़ा मिला है
Je parle des langues étrangères.	mè˜ kaî videshî bhaSâe˜ boltâ hû˜.	मैं कई विदेशी भाषाएँ बोलता हूँ
Je suis inscrit au lycée français.	mè˜ ek frânsîsî hâîskûl me˜ paRhtâ (paRhtî (f.)) hû˜	मैं एक फ्रांसीसी हाईस्कूल में पढ़ता (पढ़ती) हूँ
Mon frère est chercheur.	merâ bhâî anusa˜dhâtâ hè.	मेरा भाई अनुसंधाता है
Je donne des cours d'algèbre.	mè˜ bîj gaNit paRhâtâ (paRhâtî (f.))hû˜.	मैं बीज गणित पढ़ाता (पढ़ाती)हूँ

Après le voyage, à Paris

Vous êtes rentré amoureux de l'Inde et vous voudriez suivre des cours d'hindi. C'est possible, par exemple à Paris. Renseignez-vous auprès de l'Institut National des Langues et Civilisations Orientales (INALCO), connu aussi sous le nom des « Langues'O » :
1 rue de Lille, 75007 Paris.
Site internet : www.inalco.fr

Vous trouverez des méthodes ainsi que les livres sur l'Inde chez Gibert et à la Fnac, mais il existe aussi des librairies spécialisées. Dans certaines, on y trouve de la littérature en langues indiennes. En voici quelques-unes :

* Ambika, 51 rue Piat, 75020 Paris
* Fenêtre sur l'Asie, 49 rue Gay Lussac, 75005 Paris
* Kaïlash, 69 rue Saint-Jacques, 75005 Paris
* Librairie de l'Inde, 20 rue Descartes, 75005 Paris
* L'Harmattan, 16 rue des Écoles, 75005 Paris

Bibliographie
Quelques ouvrages de l'apprentissage de la langue sont cités. Dans ceux-ci, vous trouverez des références d'ouvrages sur la culture et des traductions littéraires en français. Il existe aussi des méthodes en anglais.

* BAKAYA Akshay & MONTAUT Annie , *Le hindi sans peine* , méthode quotidienne ASSIMIL, Assimil, 1994.

* BALBIR Nicole & BALBIR Jagbans K. (avec la collaboration de S. JOSHI, N. Srivastava & V.R. JOSHI), *Dictionnaire général français-hindi*, L'Asiathèque, 1992.

* BOSCHETTI Federica (avec la collaboration de Monica JUNEJA), *Dictionnaire français-hindi*, Éditions du Makar, 1994.

* McGREGOR R.S., *The Oxford Hindi-English dictionary*, Oxford University Press, 1993.

* MONTAUT Annie & JOSHI Sarasvati, *Parlons Hindi*, L'Harmattan, 1999.

Les manifestations culturelles indiennes ne sont pas rares à Paris, certaines associations sont dynamiques. La plupart du temps les programmes sont affichés à :
La Maison de l'Inde
7 (r) Bd Jourdan
Cité Internationale Universitaire
75014 Paris
(Cité Universitaire, RER B).
Vous pouvez aussi y rencontrer des étudiants indiens.

Il y a des épiceries et des restaurants indiens dans le quartier de la Gare du Nord, mais on peut tomber sur un restaurant indien dans tous les arrondissements !
Il existe aussi des boutiques d'artisanat indien : la rue du Faubourg Saint Denis, avec ces boutiques de vêtements indiens et de bijoux ressemble presque à une rue en Inde !

Les temples hindous sont plutôt dans le quartier de la Chapelle :

* Temple Sri Manicka Vinaykar Alayam, où le culte est rendu dans un style proche de l'Inde du Sud :
72, rue Philippe de Girard, 75018 Paris.

Et il y a enfin un Gurudwara, lieu de culte des Sikhs, à Bobigny (93), rue de la Ferme.

Les jours fériés en Inde

Il existe plus d'une quinzaine de jours fériés en Inde où vous trouverez portes closes dans les administrations, dans les banques, etc. En revanche tous les commerces ou presque restent ouverts au moins une partie de la journée. Selon le calendrier national indien luni-solaire, au printemps 2004 nous entrerons en l'an 1926 de l'ère Saka ; au printemps 2005, en 1927 ; 2006, 1928, etc.

Jours fériés républicains (fixes):

- Jour de la République : tous les 26 janvier.
- Jour de l'Indépendance : tous les 15 août.
- Anniversaire de la mort de Gandhi : le 02 Octobre.

Jours fériés hindous (mobiles) :

- Maha Shivaratri : tombe le 18 février, en 2004.
- Ram Navami : le 30 mars, en 2004.
- Janmashtami : le 07 septembre, en 2004.
- Dussehra (Vijaya Dashami) : le 22 octobre, en 2004.
- Diwali (Deepavali) : le 12 novembre, en 2004.

Jours fériés musulmans :

- Idu'Z Zuha (Bakrid) : tombe le 02 février, en 2004.
- Muharram : le 02 mars, en 2004.
- Milad-Un-Nabi : le 02 mai, en 2004.
- Idu'l Fitr : le 15 novembre, en 2004.

Jours fériés chrétiens :

- Vendredi de Pâques : le 09 avril, en 2004.
- Noël : tous les 25 décembre.

Jour férié jaïn :

- Mahavir Jayanti : le 03 avril, en 2004.

Jour férié bouddhiste :

- Buddha Purnima : le 04 mai, en 2004.

Jour férié sikh :

- Anniversaire de Guru Nanak : le 26 novembre, en 2004.

Dépôt légal : mars 2004 - IMPRIMÉ EN FRANCE
Achevé d'imprimer le 19 mars 2004 sur les presses de l'imprimerie «La Source d'Or» - 63200 Marsat - Imprimeur n° 12107